金融支持
农业农村现代化
发展研究

南京农业大学金融学院
金融助力乡村全面振兴系列丛书

张龙耀　主编

中国农业出版社
北京

图书在版编目（CIP）数据

金融支持农业农村现代化发展研究 / 张龙耀主编.
北京：中国农业出版社，2025. 2. --（金融助力乡村全
面振兴系列丛书）. -- ISBN 978-7-109-33106-8

Ⅰ. F832. 35；F320. 1

中国国家版本馆 CIP 数据核字第 2025DE3358 号

金融支持农业农村现代化发展研究

JINRONG ZHICHI NONGYE NONGCUN XIANDAIHUA FAZHAN YANJIU

中国农业出版社出版

地址：北京市朝阳区麦子店街 18 号楼

邮编：100125

责任编辑：郑　君

版式设计：小荷博睿　　责任校对：吴丽婷

印刷：北京通州皇家印刷厂

版次：2025 年 2 月第 1 版

印次：2025 年 2 月北京第 1 次印刷

发行：新华书店北京发行所

开本：700mm×1000mm　1/16

印张：11

字数：210 千字

定价：78.00 元

　　本书受到金融学和会计学国家一流本科专业建设点、金融学江苏高校品牌专业建设工程二期和三期项目、投资学江苏省一流本科专业建设点、投资学江苏高校品牌专业建设工程二期项目的资助。

前　言

FOREWORD

在全球经济格局深度调整与我国社会经济全面转型的关键时期，农业农村现代化已然成为中国式现代化建设进程中的重要环节，其战略意义深远而重大。自党的十八大以来，中国坚持农业农村优先发展战略，积极推进精准扶贫与美丽乡村建设，全面推动乡村振兴，中国的农业农村现代化建设也由此迈入全新的发展阶段。金融作为现代经济的核心驱动力，在农业农村现代化进程中发挥着重要的支撑作用，其恰似一股强劲的动力源泉，能够有效引导资源要素向农业农村领域配置，有力促进农业产业结构优化升级，为农业农村现代化建设提供坚实的资金保障与全方位的金融服务支持，助力实现乡村振兴与农业强国的伟大目标。

本书聚焦于金融支持农业农村现代化这一核心主题，通过三个篇章展开探讨，深入且系统地剖析了金融在农业现代化与农村现代化进程中的作用机制、实践路径、面临困境及应对策略。开篇系统梳理了国内外前沿学术成果与政策演进脉络，并提炼总结出金融支持农业农村现代化建设的国际经验，为后续的研究奠定了坚实的理论与实践基础。上篇内容聚焦于金融如何赋能农业现代化进程，以新型农业经营主体为切入点，通过对金融供需状况的精准分析，揭示了金融资源在新型农业经营主体规模化经营、产业融合发展、技术创新应用等进程中的核心驱动机制与关键制约因素，系统评估了各类金融支持政策与产品的实施成效，并借助实证研究与典型案例，深度挖掘金融支持农业现代化发展的路径选择。下篇则将目光投向金融赋能农村现代化发展过程，围绕新型农村集体经济的发展概况、金融供需形势展开研究，深入分析了金融在产业培育、人才引育、技术革新、财政金融协同等方面对农村集体经济组织的支持作用，并结合丰富的地方实践案例，深度剖析了个性化信贷产品创新、多元融资载体构建等金融创新举措的实践逻辑与推广价值，为农村集体经济壮大与农村现代化发展筑牢金融支撑。

本书主要面向农村金融领域的研究者、农业农村政策制定者以及关注农业农村发展的各界人士。对于研究者而言，书中丰富的理论分析与详实的实证研究可为其提供前沿的研究素材与研究思路，助力拓展与深化相关领域的研究。政策制定者则可依据书中对现状与问题的剖析，制定更为科学、精准且具针对性的政策，以推动农业农村金融政策体系的完善与政策实施的高效性。广大关注农业农村发展的读者也能借此更好地了解金融在农业农村领域的发展动态，增强对农业农村现代化进程的认知与理解。

在本书的创作过程中，我们广泛搜集国内外相关领域的前沿研究文献与权威资料，深入基层农村地区开展实地调研工作，与新型农业经营主体和农村集体经济组织进行面对面交流，获取大量一手数据与鲜活生动的案例素材，确保了研究内容的科学性、可靠性与实用性。十四名本科生同学在老师的指导下深度参与了上述调研工作和具体内容的撰写。其中，沈珲、李峻霄、汪博文、张敏嘉、张瑞琪、倪梦凡、黄斐、茆逸飞负责上篇；刘泽凡、张优然、俞露、石殷铭、查荣宇、王徐霖负责下篇。在此，我们向在调研过程中给予我们大力支持与协助的各地农业农村部门、金融机构以及积极配合的新型农业经营主体和农村集体经济组织表示衷心的感谢。同时，我们也要诚挚感谢学界前辈们在农业农村以及经济金融领域所取得的丰硕研究成果，这些成果为本书的创作提供了不可或缺的理论基石与宝贵的实践借鉴，激励着我们不断前行与探索。

欢迎读者对本书不足之处提出改进意见与建议。未来，我们将持续关注农业农村现代化发展的新趋势、新需求与新问题，不断深化金融支持农业农村领域的研究，进一步完善相关理论与实践体系，为实现乡村振兴战略目标、推动我国经济社会高质量发展贡献更多的智慧与力量，助力农业农村在现代化道路上稳健前行、行稳致远。

编　者

2025 年 1 月

目　录

CONTENTS

上篇　金融赋能农业现代化的路径与经验研究：以新型农业经营主体为例

下篇　金融赋能农村现代化的路径与经验研究：
以新型农村集体经济为例

开篇

金融支持农业农村
现代化的基本特征
与分析框架

农业农村现代化的概况

1.1 农业农村现代化推进的基本逻辑

新中国成立以来，我国推进农业农村现代化发展大致经历了以下探索阶段：1949—1956 年，新中国实施农村改革，提高农业生产能力，推动乡村改造。1956—1978 年，中国在计划经济体制下探索集体农业生产经营，推进社会主义农村建设。1978—2012 年，中国建立了统分结合的双层经营体制，增强农业发展激励，促进产业化与新农村建设，推动农村现代化进程。自 2012 年党的十八大以来，中国坚持农业农村优先发展，实施精准扶贫和美丽乡村建设，全面推动乡村振兴，农业现代化加速，农民生活条件显著改善，中国农业农村现代化不断加速。

纵观农业农村现代化的制度变革与实践，农业农村由贫穷落后到全面振兴的过程经历了不同的发展阶段，既反映出中国共产党领导农业农村现代化发展的内在逻辑，又能总结出规律性的经验认识。中国共产党领导农业农村制度变革的内在逻辑体现在以下三个方面：

以人民为中心、为农民谋幸福是制度创造与革新的初心使命。新中国成立以后，中国共产党领导农民通过土地改革使其彻底摆脱剥削，通过农业合作化和集体化建设，带领农民克服小农经济的弊端；改革开放以来，从实践出发，充分赋予了农民生产经营自主权，开创了统分结合的双层经营体制，并及时调整城乡关系，以工促农，以城补乡，多渠道实现农民增收。党的十八大以来，农业农村进入优先发展阶段，习近平总书记提出以人民为中心的发展思想，提出"坚持共享发展，必须坚持发展为了人民、发展依靠人民、发展成果由人民共享"。党和政府组织实施了举世瞩目的脱贫攻坚战，实现近 1 亿人脱贫的伟大成就。党的十九大以来，坚持以人民为中心实施乡村振兴战略成为新时代"三农"工作的总抓手。

以解放和发展生产力的渐进性变革是农业农村发展的中心路线。生产力的发展是农业农村发展的动力和原因。中国式现代化启程伊始，由于政治、经济、文化、人口规模、民族结构、资源禀赋等发展条件不同，农业农村现代化的发展路径与众不同。在中国式现代化进程的农业农村转型中，中国共产党始终高度重视改革、发展和稳定三者之间的关系，注重通过先易后难、循序渐进、试点先行、以点带面等方式进行渐进式改革，注重不同制度的衔接融合。

高度重视城乡关系、统筹城乡发展是农业农村制度改革的行动遵循。在农业农村现代化进程中，城乡关系经历了从分离对立到逐渐融合的实践过程。新中国成立以后，党对城乡关系的探索经历了从城乡兼顾到城乡互动、城乡统筹再到城乡一体化的演进过程；新时代以来，习近平总书记强调农业农村优先发展，要实现城镇化和农业现代化相互协调，促进城乡要素之间的双向流动。

1.2　农业农村现代化的内涵

1.2.1　农业现代化定义

众多学者对此领域进行了深入研究。陈锡文（2018）指出，构建现代农业产业架构、生产方式和经营机制，并健全农业保障体系，是实现农业现代化的关键。刘志澄（2001）则认为农业现代化是以现代科学技术及其应用为基础，依托现代工业装备水平的农业形态。杜志雄（2021）区分了农业现代化的广义与狭义概念：狭义上，它聚焦于农业产业的现代化，基于现代科学理论，运用现代工业模式、科技及管理方法，涉及物质装备、技术进步、经营及环保等多方面的现代化转型；广义上，农业现代化则包含"三农"的全面现代化，不仅涉及农业生产能力的提升，还广泛关联农村非农产业发展、城镇化进程等社会经济层面的现代化。

农业现代化聚焦于产业发展，通过采用现代化科学装备与管理方式，旨在提升生产效率、增强产品竞争力、优化经营体系，并实现生态友好目标，这一过程标志着农业向现代化迈进。其普遍规律在于强化农业供给保障、提升科技装备层次、完善经营体系、加强产业韧性及提高农产品竞争力。

在推进农业现代化时，各国应展现其独特性。对中国而言，农业现代化路径需紧密结合国情，依托我国人多地少的资源禀赋、深厚的农耕文化积淀，以及人与自然和谐共生的现代理念，构建中国特色的农业现代化体系。这涵盖增强自主发展能力、推行适度规模经营、坚持绿色发展、传承农耕文明，以及促进城乡融合发展等多个维度。

1.2.2　农村现代化定义

农村现代化的相关概念与研究尚处于初步阶段，不同学者根据自身研究领域提出了各自见解。陈锡文（2018）认为，农村现代化体现在产业兴旺、生态宜居、乡风文明、治理有效、生活富裕这"五位一体"总体布局上，关键在于推动农村产业融合与加强基础设施建设，以实现乡村社会的有效治理。林毅夫（2002）则主张以自然村为基本单位，全面为农村居民提供供水、排水、电力、交通等基础设施，这是农村现代化的重要组成部分。魏后凯（2021）强调，农村现代化是一个综合性的概念，涵盖了产业发展、基础设施建设、公共服务供给、人居环境改善、生活水平提升及乡村治理优化等多个方面。杜志雄（2021）提出，农村现代化是传统农村向现代农村的转变过程，需不断调整和优化农业生产与农村生活方式，以适应现代社会发展，最终实现城乡协调发展，缩小城乡差距。

农村现代化立足于地域视角，致力于通过加强乡村基础设施建设、优化农村公共服务、完善乡村治理体系、改善农村居住条件及强化农村文化建设等多维度协同努力，逐步推动农村地域向现代化生活条件迈进。

中国式农村现代化特别重视普惠性、基础性和兜底性民生项目的实施，旨在扩大供水、交通、电网等基础设施的覆盖范围，提升生产生活便利性。同时，强化养老、教育、医疗等公共服务，构建更为完善的社会保障体系，提高服务可获得性。在治理方面，构建党组织引领下的自治、法治、德治相结合的乡村治理体系，确保农村既充满活力又保持稳定。此外，还积极推进人居环境整治，建立长效环境保护机制，并倡导农村文化创新，将农耕文化与核心价值观相融合，加强法治宣传教育，培育和谐、互助、诚信、友善的乡村新风尚。

1.2.3 农业农村现代化定义

多数学者共识认为，农业农村现代化是农业现代化与农村现代化的深度融合过程。魏后凯（2021）强调，农业农村现代化蕴含深远的科学内涵，它并非农业现代化与农村现代化的简单叠加，而是一个两者相互交织、互为支撑、共同演进的综合性进程。杜志雄（2021）也持相似观点，认为农业农村现代化并非农业现代化与农村现代化内容的简单组合，而是两者紧密相连、相互促进、融合发展的整体。

农业农村现代化是在推动乡村振兴、建设农业强国和实现共同富裕等多重目标指引下，农业现代化、农民现代化与农村现代化相互融合、协同推进的现代化进程。这一过程并非三者的简单相加，而是通过深度融合，形成彼此紧密相连、相互渗透、融为一体的现代化形态。

农业现代化、农村现代化与农民现代化之间存在着紧密且相互渗透的关系。从产业角度看，农业现代化意味着农业全产业链及相关领域的全面升级，这一过程自然融入了农民现代化和农村现代化的核心要素。从地域角度看，农村现代化涵盖了农村经济、文化、社会、生态等多方面的现代化转型，这一转型过程深刻体现了农业现代化和农民现代化的核心需求。农民现代化是农业现代化和农村现代化实现的重要前提，着重于在农业农村发展过程中，不断推动农民在思想观念、生产方式、生活习惯和综合素质等方面的现代化转变。这种转变不仅为农业现代化提供了强大的人力资源支持，也为农村现代化奠定了坚实的群众基础。

1.2.4 农业现代化与农村现代化的关系

杜志雄（2021）在研究中指出，农业现代化是农村现代化的基础。只有当农业在生产经营管理上实现现代化，才能为农村现代化提供充足的物质资源。而农村现代化则为农业现代化提供了坚实的支撑，为农业现代化所需的人口、土地等资源提供了空间载体，两者相互依存、共同促进，共同推动农业农村整体的现代化进程。

魏后凯（2021）的研究也表明，农业现代化与农村现代化各有侧重又相互关联。农业现代化是农村现代化构建的重要基石和起点，而农村现代化则是农业现代化持续推进的重要支撑和坚强后盾，两者相辅相成，共同推动农业农村向现代化深入发展。从产业角度看，农业现代化是传统农业向现代农业的转变，涉及农业产业链、供应链、价值链以及农业教育科研服务等多个方面，不受农村地域限制。从地域角度看，农村现代化是农村由贫穷落后向富裕繁荣的转变，核心在于农村发展路径的现代化重构，包括农村产业体系的现代化重塑、文化风貌的革新、生态环境的优化、居民生活水平的提升以及乡村治理模式的创新，还包括农民综合素质与生活方式的现代化转型。

农业现代化与农村现代化是两个既相互衔接又相对独立的进程，它们之间具有复杂而紧密的联系。两者在侧重点上存在差异，农业现代化主要基于产业发展视角，注重提升农业生产效率和产品品质，通过科技手段提高农业生产效益，推动农业产业的升级和转型，实现农业可持续发展。而农村现代化则侧重于地域视角，着重于改善农村生活环境和提升农民生活质量，包括农村基础设施建设、公共服务体系建设等方面，着眼于农村社会的全面进步和农民的全面发展。

同时，农业现代化与农村现代化又相互依存、相互促进。一方面，农业现代化是农村现代化的重要基础和动力源泉。农业现代化能够带来更高的生产效率、更强的竞争力和更完善的经营管理体系，以及更生态友好的农业生产方式，这些成果不仅提升了农业生产效率，还推动了农村经济发展和农民收入增长，释放了大量农村劳动力，为农村现代化提供了人力资源和物质基础。另一方面，农村现代化也对农业现代化产生积极影响。农村现代化通过推进乡村基础设施建设、完善农村公共服务、健全乡村治理体系、改善农村人居环境、强化农村文化建设等措施，为农业现代化创造了更加优越的环境和条件，促进了农业生产的进一步拓展和升级。

1.3 农业农村现代化的理念与现实要求

1.3.1 农业农村现代化的理念

理念是行动的先导，在中国式现代化进程中，农业农村的高质量发展必须遵循"创新、协调、绿色、开放、共享"的新发展理念的科学指引。

创新是引领发展的"第一动力"。我国农业农村现代化发展既要依靠科技创新，又要依靠体制机制创新。科技创新是以知识、信息、技术等新生产要素为载体，通过对传统生产要素进行改造升级，并将其应用于农业发展的全产业链中，推进农业高质量发展。科技创新需要加大对农业人才的投入，吸引高层次农业科技创新人才，推动种业科技和农业设施装备取得突破。体制机制创新则要积极探索适度规模经营的有效实现机制，进一步深化和完善农地"三权分置"，放活土地经营权，促进土地集约化、规模化经营；加快形成新型农业社会化服务机制，推动新型经营主体、集体经济组织和农户之间的深度融合，发展农业全产业链的社会化服务体系。

协调是持续健康发展的"内在要求"。农业农村的发展既需要推进区域间协调，又需要关注城乡间的协调融合。推进农村区域经济协调发展需要从农业产业化入手，完善产业结构体系，推动区域均衡稳步发展。城乡融合发展的关键在于推动城乡要素相互流动机制的完善。城乡人力资源流动需要健全农业转移人口市民化配套政策，同时推行乡村人才振兴计划；土地资源的优化配置则需要在规范城乡建设用地增减挂钩的基础上，盘活集体建设用地，开展全域土地综合整治、规范土地征收，将乡村土地资源优先用于保障乡村产业发展；引导社会资本下乡需要发挥政府的投入引领作用，以市场化的方式撬动社会力量支持乡村产业发展，鼓励工商资本投入现代农业。

绿色是可持续发展的"必要条件"。当下需要以绿色发展理念为指引，完善现代农业绿色发展机制，建设美丽生态宜居乡村。建设宜居宜业和美乡村，一要加强农业面源污染防治，重点推进化肥农药减量增效、循环利用废弃物和污染耕地治理；二要保护和修复农村生态系统，健全休耕轮作等自然资源休养生息制度，推动农村减排固碳；三要加强人居环境整治，积极解决厕所、污水、生活垃圾等问题，整体提升村容村貌。

开放是繁荣发展的"必由之路"。开放发展需要统筹国内国际两个市场两种资源，促进国内国际双循环相互促进的新发展格局。对内而言，打破市场壁垒，实现生产要素的合理流动和优化组合。市场资源作为一项巨大优势，为构建新发展格局提供雄厚支撑。农业生产、分配、流通、消费的全过程应更多依托国内市场，形成完善的涉农产品内需体系。对外而言，加强国际合作可以促进农业产业升级，加速以中国为核心的亚太区域价值链融合发展，主动对接"一带一路"建设，打造一批农业国际合作示范区，建设一批出口农产品示范基地。

共享是中国特色社会主义的"本质要求"。中国式现代化进程中的农业农村发展应当牢记共享发展理念，巩固脱贫攻坚成果，促进农民收入稳步增长，让农民共享农业农村现代化的红利。巩固拓展脱贫攻坚成果既要求继续做大蛋糕，也要求分好蛋糕。做大蛋糕的关键在于实现农民收入的稳步提升。在做好农村低收入人口常态化帮扶的基础上，将过渡时期的工作重点放到如何激发内生发展动力上来，让农民通过自身能力的积累实现生活质量的跨越式提升。分好蛋糕则要重视成果惠及更多的低收入群体。当前中国农村居民的主要收入来自农业与农村，因此需要发展乡村特色产业，拓宽农民增收致富渠道，有效衔接小农户和现代农业，发展多种形式适度规模经营，培育新型农业经营主体，并要注重"包容性"，通过现代化的生产体系、产业体系、经营体系带动而非代替低收入农户发展。

1.3.2 农业农村现代化的现实要求

（1）以保障粮食安全夯实"人口规模巨大的现代化"

中国是世界第一的人口大国，也是最大的社会主义国家、最大的发展中国家，我国14亿多人口整体迈入现代化社会，则必然要求"把中国人的饭碗牢牢端在自己手中"。习近平总书记指出，"看看世界上真正强大的国家、没有软肋的国家，都有能力解决自己的吃饭问题"，"这些国家之所以强，是同粮食生产能力强联系在一起的。" 粮食增产增收提效，不能仅仅依靠种粮补贴，还需要现代农业产业、农业科技、经营体系等协同发展。习近平总书记高度重视粮食生产效率和效益问题，他强调："既要考虑如何保证粮食产量，也要考虑如何提高粮食生产效益、增加农民种粮收入，不让种粮农民在经济上吃亏，不让种粮大县在财政上吃亏。"

立足长远，我们需要牢固树立"大食物观"进而保障粮食安全。早在改革开放之初，有学者就提出，实现我国农业现代化的关键是在不放松粮食生产的同时，大力发展经济作物和林、牧、副、渔等多种经营，最大限度地实现农业的商品化（何桂庭等，1982）。习近平总书记也明确指出，"现在讲粮食安全，实际上是食物安全"，保证重要农产品有效供给，对推进农业农村高质量发展具有重要意义。我国同样应处理好粮食安全与发展高附加值农产品之间的关系，深入贯彻落实"藏粮于地、藏粮于技"战略。

（2）以巩固拓展脱贫攻坚成果兜底"全体人民共同富裕的现代化"

农业农村现代化进程中，巩固拓展脱贫攻坚成果是底线任务。习近平总书记指出，巩固拓展脱贫攻坚成果是全面实施乡村振兴的前提，也是促进农业农村现代化的基础。要建立防止返贫长效机制，切实维护和巩固脱贫攻坚战的伟大成就，稳步推进脱贫地区健康、长效发展。巩固拓展脱贫攻坚成果要求继续做大蛋糕，实现农民收入的稳步提升。在做好农村低收入人口常态化帮扶的基础上，过渡时期的工作重点应当放到如何激发内生发展动力上来，让农民通过自身能力的积累实现生活质量的跨越式提升。巩固拓展脱贫攻坚成果也要求分好蛋糕，使得成果惠及更多的低收入群体。在收入增长疲软、新冠疫情影响的背景下，巩固拓展脱贫攻坚成果对再分配提出了更高的要求，我国需要针对农村低收入人口展开及时监测与帮扶，防止规模性返贫风险。

此外，更需要发挥农业农村现代化对新时期低收入群体的促进作用。例如，直播带货等方式被引入农副产品销售，为更多低收入农户提供参与销售环节新途径与新机会。在中国式现代化新征程上，有效衔接小农户和现代农业至关重要，现代化不仅是生产力的现代化，更是生产关系的现代化。发展多种形式适度规模经营，培育新型农业经营主体，更需要注重"包容性"，要使得现代化的生产体系、产业体系、经营体系带动（而非代替）低收入农户发展。

（3）以乡村建设助力"物质文明和精神文明相协调的现代化"

中国式现代化是人民群众物质和精神富裕水平相得益彰的过程。习近平总书记强调，"共同富裕是全体人民的富裕，是人民群众物质生活和精神生活都富裕"。实现共同富裕，不仅需要缩小物质收入差距，还需要推动精神文明差距的缩小。促进农村物质文明与精神文明的协调发展，则需要大力推进乡村建设，在农村人居环境、农村公共基础设施、农村基本公共服务、农村精神文明建设等方面系统性推进。2022年中共中央办公厅、国务院办公厅印发《乡村建设行动实施方案》，进一步明确了乡村建设建什么、怎么建、建成什么样，对扎实稳妥推进乡村建设行动，持续提升乡村宜居宜业水平，进而促进农村地区"物质文明和精神文明相协调的现代化"具有重要指导意义。

乡村建设过程中，我国亟须壮大集体经济组织，进而实现强村富民。农村人居环境整治、基础设施建设、公共服务投入、乡风文明建设、公益事业发展等都亟须壮大的农村集体经济组织来支撑，后者是农村居民幸福感、获得感和安全感提升的重要经济来源。但现阶段，农村集体经济组织发展水平参差不齐，欠发达地区对财政依赖性较强。为了促进农村物质文明与精神文明多元供给，我国需要因地制宜深化农村集体产权制度改革，创新发展集体经济组织，进而促进农民多维富裕。

（4）以农业绿色发展建设"人与自然和谐共生的现代化"

中国式现代化走的是节约资源、保护环境、绿色低碳的新型发展道路。中国式现代化过程中可能出现违背农业绿色发展的问题，对资源环境造成压力，如耕地质量问题、重金属污染问题、化学投入品使用过度问题等。为了全面建设"人与自然和谐共生的现代化"，中国出台一系列推动农业绿色发展的政策。2016年中央1号文件首次明确指出，要从农业资源保护和高效利用、环境突出问题治理、农业生态保护和修复、食品安全治理等方面推动农业绿色发展。2017年印发的《关于创新体制机制推进农业绿色发展的意见》为推进农业绿色发展提供了纲领性指导。2021年发布的《关于加快建立健全绿色低碳循环发展经济体系的指导意见》再次强调了畜禽粪污资源化、农膜污染治理、化肥农药减量等与农业绿色发展相关的举措。同年，农业农村部等六部门联合印发的《"十四五"全国农业绿色发展规划》中，首次提出打造绿色低碳农业产业链。

绿水青山既是自然财富、生态财富，又是社会财富、经济财富，会随着经济社会发展凸显价值、不断增值。科学把握农业绿色发展与生态文明建设的关系，就是要增加优质、安全、特色农产品供给，促进农产品供给由主要满足"量"的需求向更加注重"质"的需求转变，进而实现农民增收。例如，一些地方正在试点发展气候智慧型农业，其绿色低碳技术同样有利于农民增收。可见，保护和改善生态环境，可以实现生态价值和经济价值内在统一，对于协调经济发展和生态环境保护的关系、推动经济社会高质量发展具有不可替代的作用。

金融支持农业农村现代化的分析框架

2.1 农村金融服务体系的定义和现状

2.1.1 农村金融服务体系的定义

农村金融服务体系涵盖了农村金融机构的产品供给和农业经营主体的服务需求，涉及信贷、储蓄、支付、保险等多种涉农金融市场业务。总体来看，现代农村金融服务体系主要包括四个方面：农村金融供给体系、农村金融产品和服务体系、农村金融政策体系和农村金融支持保障体系。

2.1.2 农村金融服务体系的现状

（1）农村金融供给体系日益健全

一是农业政策性金融持续增加信贷支持。2022 年，中国农业发展银行全年累放贷款和基金 2.91 万亿元，其中投放粮棉油贷款 7 483.35 亿元、农地贷款 2 672.6 亿元、种业投资和贷款 372.87 亿元、农业科技贷款 486.09 亿元等；对符合条件的小微企业实施首年利率优惠、延期还本付息等政策，发放贷款 559 亿元，支持企业 3.7 万户。二是农村商业性金融服务农业农村的能力和水平明显提升。到 2022 年末，涉农贷款余额 49.25 万亿元，较年初增长 14.45%；其中，普惠型涉农贷款余额 10.46 万亿元，较年初增长 17.84%，超过各项贷款平均增速 7.24 个百分点，五年来普惠型涉农贷款余额年均增长约 15.47%。此外，农业银行与国家乡村振兴局联合创新"乡村人居环境贷"，交通银行探索创新"乡村振兴＋绿色信贷""城市更新＋乡村振兴"等业务模式，建设银行创新推出"设施农业贷款""新农村支持贷款"产品，工商银行创新推出"兴农贷"系列产品，多层次全面满足不同农业经济主体生产经营贷款需求。三是我国农村合作金融不断完善。截至 2022 年 9 月末，全国共有农村中小银行 3 893 家，其中农村信用社 2 196 家（含农村商业银行、农村合作银行、农村信用联社）、村镇银行 1 648 家。四是农业信用担保体系初步形成。截至 2023 年 4 月末，全国农业信用担保体系累计担保金额已超过 1 万亿元，担保项目近 320 万个，平均单笔担保金额为 32 万元。此外，全国农业信用担保体系还积极为新型农业经营主体提供增信服务，与 18 家全国性商业银行和 1 800 家地方性商业银行合作，促进了金融机构在农村农业领域的资金投入。

（2）农村金融产品和服务体系不断创新

一是信贷产品和服务不断完善。稳妥有序地推进农村土地承包经营权和农民住房财产权抵押贷款试点，探索开展大型农机具抵押、农业生产设施抵押、供应链融资等业务。开发农业产业链贷款等适合其金融服务需求的专属产品，简化信贷流程，更多为新型农业经营主体发放信用贷款。支持金融机构创新探索"贷款＋风险补偿金""政银保合作""农村数字普惠金融""农业领域 PPP"等多种模式。探索推进脱贫人口小额信贷、富农产业贷，开展农业经营主体信贷直通车常态化服务，探索"农业保险＋信贷"模式。截至 2022 年末，全国涉农贷款余额 49.25 万亿元，其中普惠型涉农贷款余额 10.46 万亿元。二是农业保险发展迅速。随着"扩面、增品、提标"的推进，我国逐步建立了覆盖全国、涵盖主要大宗农产品的农业生产风险保障体系，基本形成政策性保险为基础、商业性保险和互助性保险为补充的全球最大农业保险市场，在化解农业风险、稳定农业生产、为种粮农民提供有力保障等方面发挥显著作用。2022 年，全国农业保险实现保费收入 1 219.4 亿元，为 1.7 亿户次农户提供了 4.6 万亿元的风险保障，同时全国建成农业保险基层服务网点 40 万个，农业保险基层服务人员近 50 万人，基本覆盖所有县级行政区域和 95％以上乡镇。三是直接融资支持力度加大。支持农业企业在沪深主板上市、在新三板挂牌，在银行间债券市场发行债务融资工具。鼓励有条件的地区发起设立乡村振兴投资基金，推动农业产业整合转型升级。截至 2022 年末，沪深两市农业上市企业已超过 100 家，市值近 2 万亿元；全国 23 个省份设立乡村振兴基金 192 支，管理规模为 1 239.82 亿元。四是农产品期货市场建设持续推进。农产品期货交易规模不断扩大，2021 年农产品期货交易 27.58 亿手、142.82 万亿元，已经成为全球最大期货交易市场。交易品种日渐丰富，截至 2022 年末，我国共上市农产品期货品种 33 个，实现了对粮食、饲料、油料、禽畜、纺织、糖料、林木、果蔬等多个农产品细分领域的覆盖。白糖、棉花、豆粕、玉米和菜籽粕等期权品种的上市为产业客户提供了新的套期保值工具，丰富了农产品风险管理工具类别。不断扩大"保险＋期货"试点，越来越多的新型农业经营主体开始主动参与到期货交易中。

（3）农村金融政策体系不断完善

一是货币信贷政策持续支农。实施"三农"领域定向降准、县域金融机构最优惠存款准备金政策，适度下调支农、支小再贷款、再贴现利率水平。截至

2022 年 9 月末，我国支农再贷款余额 5 587 亿元，支小再贷款余额 13 863 亿元，再贴现余额 5 449 亿元。二是财税金融政策协同支农。综合运用税收优惠、贴息、奖补、保费补贴等手段促进农村金融发展，并引导社会资本支持"三农"。比如，河南省设立返乡创业投资基金，旨在作为金融杠杆，发挥财政资金的"四两拨千斤"作用。2021 年，我国农业信贷担保奖补资金为 48 亿元，中央财政农业保险保费补贴达 333 亿元。三是考核评估政策引导支农。近年来，人民银行和银保监会等出台了一系列关于金融机构服务乡村振兴情况的考核要求。一方面，采取正向激励，比如大型银行普惠涉农信贷的内部资金转移定价不低于 75 个基点（BP）、分支机构乡村振兴绩效考核占比不低于 10％等。另一方面，强化尽职免责，明确对金融机构的资本管理、不良贷款容忍度等差异化监管要求，涉农信贷不良容忍度政策也切实嵌入考核评价中。

（4）农村金融支撑保障体系逐步形成

一是农村金融协作机制初步形成。农业农村部持续加强与各级金融监管部门、金融机构、高等学校等的沟通合作，推动跨部门间联动，初步建立起协同工作机制，稳步提升我国金融服务乡村振兴的能力。截至 2022 年，在全国范围内，农业农村系统和各类金融机构已经签订了 378 个战略合作协议，确定了 1 108 个合作项目，金融支农协同合作的范围在不断扩大。二是农村金融制度建设探索创新。一方面，个别地区探索建立金融辅导制度，对投资拉动作用明显的项目，由地方农业农村部门联合相关金融机构、专业咨询机构等开展一对一金融辅导服务。另一方面，面对金融知识匮乏阻碍广大农户获取金融服务的现实困境，部分地区建立金融服务专员制度，由金融机构选拔和派遣专业人员常驻乡村，为农户提供金融产品和服务咨询。三是农村金融数据信息体系稳步发展。一方面，农业农村部构建了农业生产经营信息库、农业农村基础设施融资项目库等平台，旨在为农业现代化发展积累数据这一新型生产要素。另一方面，引导银行机构着手对农户及新型农业经营主体进行建档和评级工作，对于具备条件且有意向的新型农业经营主体，应在相关期限内实现"能建尽建"。比如，福建省创新推出"新农主体管理及信用分级评价系统"，完善了新型农业经营主体管理及信用分级评价体系。截至 2022 年，全国新型农业经营主体建档率已经达到 80％，建档评级农户数约占农户总数的 68.12％。四是农村金融基础设施初具规模。一方面，引导金融机构向农村地区设立网点，有效解决金融服务"最后一公里"问题。截至 2022 年，乡镇银行业金融机构覆盖率达 97.88％，乡镇保险服务也基本实现全覆盖；另一方面，持续改善农村支付服务环境，加强支付服务基础设施建设，逐渐形成多层次、广覆盖的农村支付服务体系。

2.2 金融支持农业农村现代化的分析框架

2.2.1 效率视角下金融支持农业农村现代化的机制

（1）金融资源配置效率

金融科技助力，缓解信息不对称。金融科技一方面依靠大数据技术扩大信息来源、全面化用户画像；另一方面，依靠云计算和人工智能分析处理数据，对农业农村现代化的各类项目进行全面评估，相较于传统金融而言，可以有效缓解双方的信息不对称程度（鲍星等，2022），提高农村地区的贷款发放率，扩大金融对其的服务范围。具体在农业农村方面，则表现为金融科技利用区块链技术确保农业供应链中的交易信息真实可靠，降低信息不对称风险，使资金更精准地流向有实际需求且效益良好的环节。同时，通过智能风控系统，实时监测项目风险，及时调整资金投放策略，提升资金配置的科学性和效率。

（2）农业产业升级效率

推动产业化与规模化。金融可以通过增加资金供给，降低交易成本，分散研发风险等促进产业升级（朱东波和张相伟，2023），并且，在整体农村产业结构方面，金融在自身创新的过程中所带来的数字技术创新可以打破农村产业间的割裂局面，产生各产业间的连接，推动农村产业融合与结构升级，从而促进农村经济发展（尹栾玉等，2024）。而产业融合在金融与农户农村共同富裕中存在着显著的中介作用，产业融合发展可以促进各产业之间的技术融合、扩散与应用，促进各产业间的企业聚集，从而提升农村产业效益，推动农村经济发展（刘显著，2024）。

优化流通环节。一方面，金融通过直接为物流企业提供资金支持，建设现代化的冷链物流设施，促进农产品流通领域的发展，降低流通成本。另一方面，金融由于其最近衍生出的"普惠""数字"特性，从而为农村电商的发展提供了资金支持，响应了其的资金需求，而电商的出现则进一步为农产品的流通提供了解决路径，也加速了农村物流业的发展，从而拓宽农产品销售渠道，提高农产品的市场流通效率（王染和杜红梅，2024）。

（3）农村经济发展效率

激发创新创业活力。金融有助于促进农村创业活动展开，提升农村地区经济发展效率。随着中国农村土地改革，金融一方面通过促进土地流转，释放农村劳动力、为农户创业提供原始资本，另一方面也通过提高信贷可及性，缓解农户融资约束，从而促进农户的创业行为（方师乐等，2024）。而具体到数字普惠金融，则可以依靠其数字属性，在扩大金融服务范围、为原先受到金融排斥的人群提供金融支持的同时，也为农户提供必要的生产经营信息，从而帮助农户把握市场信息，调整投资策略，促进投资活动（周月书和苗哲瑜，2023）。

完善基础设施建设。一方面，金融间接通过促进新型农村集体经济组织这一主体的发展，从而对农村基础设施建设做出贡献。农村集体经济组织具有实现农村共同富裕、改善农民生活水平、提升乡村治理水平等重要作用（王曙光等，2018），也对农村地区基础设施水平有着显著的支持作用，金融通过创新金融产品服务、拓宽融资渠道等为农村集体经济组织提供资金支持，提高集体经济组织的经营能力和水平，促进集体经济更好发展，从而为集体经济完善农村基础设施建设做好铺垫。另一方面，金融直接为农村道路、水利、电力等基础设施建设项目提供融资支持，加快农村基础设施的升级改造。良好的基础设施为农村经济发展提供了坚实基础，吸引更多的投资和资源流入农村地区。

2.2.2　公平视角下金融支持农业农村现代化的机制

（1）金融服务可及性公平

扩大网点覆盖与服务下沉。为解决农村地区融资难、融资贵的困境，大型金融机构加强了对农村信贷市场的服务下沉力度，从而有助于提高农村地区金融支持力度，助力现代化进程。一方面从组织架构上设立普惠金融事业部，另一方面下放贷款审批权限（王修华和刘锦华，2023）。这种对农村地区下沉的加强，通过增加金融网点数量等方式扩大金融服务半径，从空间上降低了需求端的皮鞋成本和供给端的交易成本，更有助于提高金融机构的监督力度和深度（郑海荣等，2023），从而降低金融机构自身的放贷门槛，最终提高金融服务范围，保障农村金融可得性。

发展数字金融。相较于传统金融，数字金融更不易受到地域、距离、年龄等因素的限制，有利于提高客户获得金融服务的可能性，因此也更具有公平性（Cumming D. et al.，2023）。从成本角度，数字金融通过互联网平台，极大地降低了获客成本，因此也可以补足传统金融机构末端衍生不足，与金融机构形成良性互补，从而形成较为全面的金融覆盖面（黄益平和黄卓，2018）。而从信贷的角度，数字金融则更依靠自身的互联网、大数据技术缓解了信贷双方的信息不对称问题（许玉韫和张龙耀，2020），因此进一步可以缓解供给端的金融排斥问题（李晓等，2024），提高金融服务的可及性与公平性。例如，农民可以通过手机银行随时随地进行转账汇款、查询账户余额、缴纳水电费等操作，无须前往银行网点排队等候。同时，互联网金融平台可以为农民提供小额贷款、理财等金融产品，满足他们的不同金融需求。

（2）金融资源分配公平

关注中小农户需求。在金融资源分配中，短板在于中小农户。因此，为避免金融资源过度集中于大型农业企业和富裕农户，金融机构需要关注中小农户的金融需求。金融机构通过推动金融服务下沉，切割信贷模块（熊磊，2023），制定专门的信贷政策，简化贷款手续，降低贷款门槛等，回应中小农户资金需求，扩大对其的金融覆盖范围。例如，推出"农户小额信用贷款"，根据农户的信用状况和生产经营情况，给予一定额度的信用贷款，无须抵押担保。同时，金融机构还可以通过与农业合作社、农村电商平台等合作，为中小农户提供供应链金融服务，帮助他们解决资金周转问题。

扶持落后地区和低收入群体。金融在近年来所衍生出的"普惠"属性，对于落后地区的金融资源配置具有重要作用。具体而言，普惠金融服务通过落后地区的人力资本为传导，放大金融对于当地经济发展的支持作用（任碧云和张荧天，2024），从而促进金融资源对于落后地区的倾斜与扶持，促进当地的经济发展，体现金融视角下的金融资源分配公平。而具体到农户视角，数字普惠金融则可以通过缓解农户资金约束和信息约束来降低其脆弱性，减轻其返贫概率（彭澎和徐志刚，2021）。

（3）金融风险承担公平

合理分担风险。金融机构在提供金融服务的同时，要合理分担风险，不能将过多的风险转嫁给农民和农村中小企业。建立风险补偿机制，如农业保险、担保机构等。农业保险可以为农民的农业生产提供风险保障，降低因自然灾害、市场波动等因素造成的损失。担保机构可以为农村中小企业提供融资担保，提高其信用等级，降低金融机构的风险。

加强金融监管。政府应加强金融监管，确保金融机构在公平的原则下开展业务。监管部门要规范金融机构的信贷行为，防止金融机构对农民和农村中小企业设置不合理的贷款条件和过高的利率。同时，要加强对金融消费者的保护，建立健全金融纠纷解决机制，维护农民和农村消费者的合法权益。

2.3 金融支持农业农村现代化的国外经验

2.3.1 美国：完善的农业金融体系

美国的农业金融体系较为完善，政府通过农业贷款、农业保险、农场信贷等多种方式，支持农业生产和农民发展。特别是在农业贷款方面，美国农业贷款由农业信贷机构提供，农民可以根据自身情况获得不同种类的贷款，助力其扩大生产、改善经营。同时，美国还通过农业保险机制，为农民提供风险保障，减轻自然灾害和市场波动对农民收入的影响。

除此以外，美国还大力发展农业科技金融体系和绿色农业金融。美国农业科技对整体农业产出的贡献率高达75%，为此，美国构建了一个先进的农业科技金融体系。通过成熟的资本市场，美国以企业债券、风险投资和股权投资等方式，为农业科技领域提供直接融资，加速科技成果在农业领域的转化应用。自 1987 年起，美国农业部倡导并推动了一种低投入可持续的农业发展模式，并通过价格补贴、出口补贴等政策工具，激励企业参与绿色金融，有效应对了环境污染、水土流失和病虫害等挑战，并在减少温室气体排放方面取得了显著进展。农业科技金融体系的建立与绿色农业金融的发展是美国农业现代化的重要标志。

2.3.2　德国：农业合作社与银行的合作模式

农业合作社与银行的合作模式是德国金融支持农业现代化的突出特色。德国的农业合作社是推动农业现代化的重要力量，而金融机构为其提供了坚实的支持。德国的农业合作社通常会与当地的合作银行建立紧密的合作关系，合作银行根据农民的需求提供低息贷款、设备融资等金融服务，帮助农民扩大生产规模，提高生产效益。通过这种方式，农业合作社的生产效率得以提升，农业的整体竞争力也得到了增强。

德国在政策性金融与市场化运作结合方面的经验值得借鉴。德国政府通过政策性金融手段，如财政补贴和长期贷款项目，大力提倡金融机构与农贷业务的良性互动。这些补贴项目多为 8 年以上的长期贷款，涉及种植、农产品加工、水利建设等多个方面，有效地引导了金融资源向农业农村现代化的投入。在农地金融制度方面，德国建立了以政府担保发行农地抵押债券为基础的农地金融制度，引导城市资金向农村转移，支撑农业现代化发展。土地抵押信用合作社和联合合作银行是农地金融的主体，农民可以通过抵押土地获得资金，这种模式有效地聚合了社会资金，保障了对农业与农村发展长期建设资金的投入。

2.3.3　印度：小额信贷推动农民发展

印度的金融服务模式突出强调小额信贷对农民的支持。由于印度农村地区金融基础设施薄弱，许多农民难以获得传统金融服务，因此小额信贷成为帮助农民脱贫致富的重要工具。通过非政府组织、微型金融机构等提供的小额信贷服务，农民可以获得资金支持，用于购买生产资料、改善农业生产条件，提升生产效率。这种金融模式在印度的农业和农村现代化过程中起到了积极作用。

"自助小组-银行联结"是印度建立的特色小额信贷模式。在这种模式下，自助小组作为中间环节，将个体农民的需求集中起来，与银行进行对接，降低了交易成本，提高了贷款的可获得性。与此同时，印度储备银行和农业发展银行从技术、金融、法律等方面给予了大力支持，对自助小组进行了优先贷款，为其发展营造了宽松的融资环境。此外，与其他模式相比，印度的小额信贷模式更注重以非正规方式聚集存款，并根据成员需要以不同成本发放贷款，充分结合了非正规信贷体系的灵活性和正规金融机构的技术、管理和金融资源的优势。

2.3.4 巴西：绿色金融与农业发展的结合

巴西在农业现代化过程中，注重绿色金融的应用。巴西政府通过绿色金融政策，鼓励发展低碳和可持续农业，为农业项目提供低息贷款，特别是支持环保型农业、可持续发展项目等。巴西的金融机构还通过设立专项基金和提供可持续贷款，推动农业向绿色、低碳方向发展，促进了农业的可持续增长。巴西推出了首个碳信用投资基金"Vitreo Carbono"，通过市场机制引导资金助力经济低碳转型升级，推动形成绿色生产生活方式，进一步拓宽了绿色环保企业的融资渠道。此外，巴西的碳信用市场日益规范，为环境保护和气候变化项目产生的碳信用提供监管框架，有助于实现温室气体减排目标。巴西绿色金融的应用在促进农业增长的同时，也有助于环境保护和资源的可持续利用。

2.3.5 日本：健全的农村金融体系

日本建立的综合性农村金融体系较为健全。该体系涵盖了合作性金融、政策性金融、商业性金融以及农村保险等多个方面，对于改善日本农村基础设施建设、推进作业机械化，同时降低融资成本、促进农业现代化发挥了重要作用。

在农村金融体系中，日本农村合作金融扮演着核心角色，按照行政区域划分为三个层级，即中央层面的农林中央金库、县级层面的县信用农业协同联合会以及市、町、村层面的基层农协。农林中央金库协调全国县农协的资金运转，并提供相应的指导工作，开展农业贷款业务时，贷款给县农协，并由县农协吸收基层农协的存款，开展资金调剂，将贷款向存在农地资金需求的基层农协倾斜，基层农协直接为农民提供信贷、保险和供销等服务。

农林渔业金融公库作为相关领域唯一的政策性金融机构，其资金主要来源于邮政储蓄资金。该机构有能力接受动产作为抵押物，并提供长期低息贷款给相关行业的从业者。除此以外，农业保险制度和以1947年日本颁布的《农业灾害补偿法》为代表的法律体系，为日本面对频发的自然灾害提供了有效的应对预防化解机制。日本农村金融体系的健全促进了日本农业现代化进程。

上篇

金融赋能农业现代化的路径与经验研究：以新型农业经营主体为例

3 CHAPTER 3

研究设计

3.1 研究方法

（1）案例分析

案例分析部分，本研究计划选择多个具有典型性和代表性的新型农业经营主体作为研究对象。这些案例将从全国范围内筛选，确保覆盖东部、中部和西部不同地区的新型农业经营主体，同时考虑不同类型的新型农业经营主体，如种植业、养殖业以及其他综合型农业经营模式。通过对这些主体的深入研究，我们希望能够揭示金融支持对于不同类型新型农业经营主体发展的差异化影响。案例研究将采取多种方式收集数据，包括但不限于：实地走访、深度访谈、参与式观察等。我们将与新型农业经营主体负责人进行面对面交流，了解他们对金融支持政策的认知、申请过程中的体验、获得的资金用途以及这些资金如何帮助他们改善生产条件、扩大生产规模或引入新技术。此外，我们还会收集历史经营数据，包括收入、支出、利润等经济指标，以及负责人的生活质量变化情况。通过对这些案例的详细分析，我们可以总结出金融支持政策的成功经验，并识别出实施过程中可能遇到的障碍和挑战。

（2）统计分析

统计分析部分旨在通过统计的手段，验证金融支持政策对新型农业经营主体发展绩效的总体影响。本研究将设计一份详尽的问卷，内容涵盖新型农业经营主体的基本信息（如地理位置、农场规模、主要业务）、金融支持的具体情况（如贷款额度、贷款利率、还款期限）以及农场的经济表现（如营业收入、净利润、成本控制）等多个维度。问卷调查的对象将是全国各地的新型农业经营主体，样本数量应足够大以保证结果的有效性和可靠性。收集到的数据将首先进行预处理，包括数据清洗、缺失值处理等步骤，然后利用描述性统计分析来展示样本的基本特征，探讨贷款金额、贷款利率等因素如何影响农场的收入、利润以及农户的收入水平。此外，考虑到时间因素的影响，我们还将采用面板数据分析方法，比较不同时间点上同一新型农业经营主体或同类新型农业经营主体在获得金融支持前后的表现差异，进一步探究金融支持的动态效应。最终，我们将根据统计分析的结果提出针对性的建议，为政府相关部门制定更加精准有效的金融支持政策提供决策参考。

3.2 调研设计

自 2013 年中央 1 号文件首次提出发展"新型农业经营主体"以来，农业部迅速响应，制定了相关原则和路径，并在全国开展统计工作，指导新型农业经营主体培育与发展。这一政策为新型农业经营主体发展提供了明确方向和支持，也为各地探索适合的发展模式奠定了基础。江苏省作为我国东部沿海的重要省份，不仅是经济发达地区，同时也是农业大省，拥有丰富的农业资源和良好的农业发展基础。近年来，江苏省政府高度重视农业现代化建设，通过一系列政策措施促进农业技术革新、产业结构优化和农村经济多元化发展，取得了显著成效。特别是在新型农业经营主体的培育和发展方面，江苏省走在了全国前列，不仅数量众多，而且在经营模式、技术创新等方面积累了宝贵经验。因此，选择江苏省作为此次调研地，不仅可以深入了解乡村振兴战略背景下新型农业经营主体的发展现状，还能为其他地区提供可借鉴的经验模式，对于推动全国范围内的新型农业经营主体高质量发展具有重要意义。基于以上考虑，本团队组织了江苏省金融支持新型农业经营主体发展的专项调研活动，旨在通过实地考察、问卷调查、座谈交流等多种形式，全面掌握江苏省新型农业经营主体在资金需求、金融服务获取等方面的实际情况，分析存在的问题与挑战，探讨有效的解决方案。

（1）问卷设计

根据江苏省金融支持新型农业经营主体发展的客观需求、要求，"江苏省金融支持新型农业经营主体发展调研团队"对乡镇问卷和新型农业经营主体问卷进行精心设计和反复讨论，最终确认乡镇问卷主要包括乡镇土地特征、乡镇人口和经济特征、乡镇农业生产情况、农业保险情况等。新型农业经营主体问卷主要包括新型农业经营主体的基本信息、土地利用、生产经营情况、资产生计、家庭开支、资金往来等。

（2）抽样过程

2021 年调查农场样本采集自江苏省 7 个地区，分别为徐州铜山区、南通海门区、泰州兴化市、镇江句容市、宿迁泗洪县、无锡江阴市、淮安金湖县，2023 年增加淮安金湖县作为新的调研地，并对其他六个区域进行追踪调查。徐州铜山区、南通海门区、泰州兴化市、镇江句容市、宿迁泗洪县和淮安金湖县分别在 4 个镇内抽样新型农业经营主体，无锡江阴市的样本镇为 6 个。除了上述抽样考虑外，"江苏省金融支持新型农业经营主体发展调研团队"对调研的新型农业经营主体类型选择作了原则性约定。每个调研乡镇在确定新型农业经营主体样本时充分考虑各类新型农业经营主体的比例结构等先验信息，包括种植类型、经营规模、经营年限、经营状况等。

3.3　资料说明

本文所用数据源自团队于2021年7月及2023年7月在江苏省进行的关于金融支持新型农业经营主体发展的调查。调查覆盖了铜山、泗洪、兴化、海门、金湖、江阴和句容7个县（市）。选择这些地区的原因如下：首先，江苏省的新型农业经营主体起步较早且发展活跃，积累了丰富的实践经验，是研究新型农业经营主体经营绩效的理想地点；其次，江苏省的数字金融发展水平较高，农村地区数字金融服务覆盖面广泛，这为研究数字金融带来的福利效应提供了良好的基础；最后，样本县（市）涵盖了苏北、苏中和苏南各两个县（市），代表了不同经济发展水平的区域，确保了样本的代表性。调查共收集2021年499家及2023年589家新型农业经营主体的数据，剔除关键数据缺失较多的样本后，样本有效率达到97.60％。

4 CHAPTER 4

新型农业经营主体的金融供需情况分析

4.1 新型农业经营主体发展的金融需求分析

4.1.1 新型农业经营主体发展的新趋势

（1）规模化经营

随着现代农业的快速发展，以及农村土地"三权分置"政策的实施，新型农业经营主体的经营规模呈现出显著的扩大趋势。土地资源的聚集为农业专业户扩大经营规模创造了要素条件。同时，新型农业经营主体的规模化经营不仅体现在土地面积的增加，还涉及生产流程的整合和专业化分工的深化，有助于形成集约化、规模化的农业生产模式。根据项目组调研数据显示，各县域2022年农地平均经营面积较2020年均有所上升（图4-1）。图4-2显示了各县域新型农业经营主体转入农地的平均面积水平。

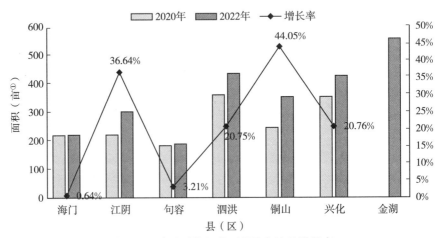

图4-1 农地平均经营面积及各地的增长率

---

① 亩为非法定计量单位，1亩＝1/15公顷。

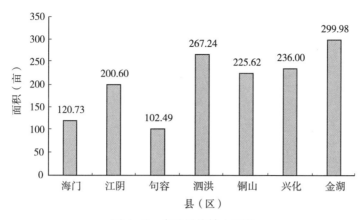

图4-2 农地平均转入面积

（2）兼业经营

在追求经济多元化和风险分散的驱动下，各新型农业经营主体不再局限于单一的农产品生产、加工与销售，而是寻求农业与非农业活动的结合，扩大自身的收入来源（图4-3、图4-4）。兼业经营的发展，反映了新型农业经营主体在应对市场波动和政策不确定性时的适应性策略。通过涉足不同的经济领域，各新型农业经营主体能够分散经营风险，确保收入的稳定性。同时，这也是农业与二三产业融合的重要体现，有助于农业产业结构的优化升级，推动乡村产业的多元化发展。

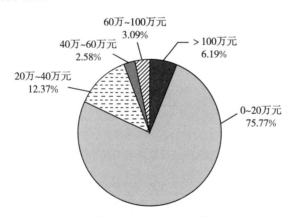

图4-3 2020年兼业经营的新型农业经营主体非农活动的总收入分布

（3）嵌入产业链

与现代农业企业相比，兼具家庭经营和企业经营特征的新型农业经营主体，由于资源规模和管理能力的局限，难以进一步扩大自身的发展规模，而为了能够在市场竞争中获得足够的规模效益，越来越多的新型农业经营主体选择

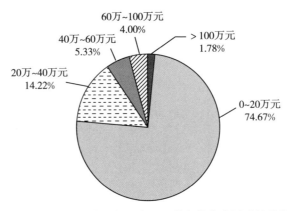

图 4-4 2022年兼业经营的新型农业经营主体非农活动的总收入分布

通过兼并、合作等方式参与至农业产业链中（图4-5），成为产业链增值中的各重要节点。随着农业产业链的延伸和整合，农业专业户不再仅仅局限于生产环节，而是通过与加工、销售、服务等环节的紧密联系，形成更高效、更完整的产业链条。这种模式可以带来明显的经济效益，在降低成本、提高产品质量、增加附加值以及增强市场议价能力的同时，还能为各新型农业经营主体提供更为稳定的产品销售渠道，有效降低了其面临的市场风险。

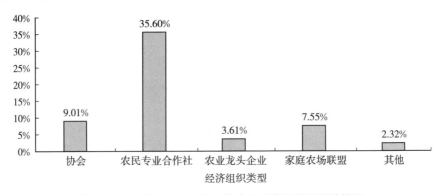

图 4-5 各新型农业经营主体参与经济组织的平均情况

（4）利用数字技术

随着互联网、大数据、云计算和物联网等数字技术的不断进步，它们为农业带来了前所未有的变革。数字技术在新型农业经营主体的使用场景非常丰富，其贯穿了现代农业生产的全过程。在设施农业的发展背景下，新型农业经营主体可以通过采用现代化农业工程和信息化技术（图4-6），实时掌握农作物种植信息、生长情况、农药化肥使用情况，以此改变自然环境，为农作物的生产提供相对可控甚至最适宜的温度、湿度、光照、水肥和气等环境条件，

而在一定程度上摆脱对自然环境的依赖，进行有效的生产经营活动。图 4－7
显示了各县域新型农业经营主体经营的设施农业的平均面积。

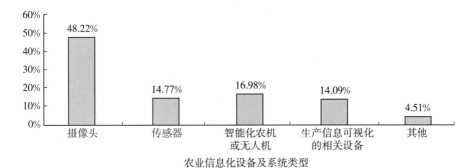

农业信息化设备及系统类型

图 4－6　应用农业信息化技术的新型农业经营主体对各设备及系统的装设分布

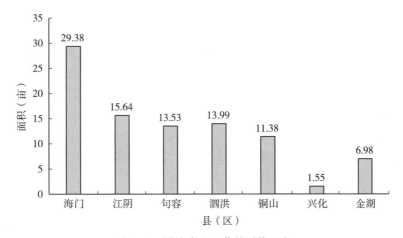

县（区）

图 4－7　设施农业经营的平均面积

（5）品牌建设

品牌建设是新型农业经营主体高质量发展中的重要一环，它不仅是提升农
业产品竞争力的关键，也是拓展市场、增加附加值的有力手段。随着消费者对
农产品质量、安全和可持续性的关注度日益提高，拥有独特品牌的新型农业经
营主体更能吸引消费者，获取更高利润。根据项目组调研数据显示，在受访新
型农业经营主体中，有 23.81％ 的户主表示他们已为农产品注册了商标，
图 4－8 显示了已注册商标的各主体其所注册的商标个数分布情况。商标注册
有助于各新型农业经营主体在激烈的市场竞争中脱颖而出，建立稳定的客户群
体，降低市场风险。

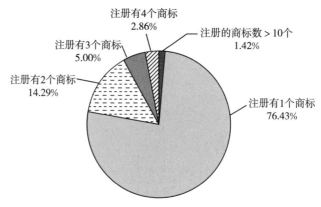

图 4-8 已注册商标的新型农业经营主体所注册的商标个数分布情况

4.1.2 新型农业经营主体面临的新挑战

（1）人口老龄化

人口老龄化是中国社会发展的显著特征，在大量农村青壮年劳动力外流、生育率下降等因素的影响下，中国农村经济发展也存在显著的老龄化趋势。根据国家统计局数据显示，我国 65 岁及以上的人口在 2014—2023 年增长显著，而农村地区的人口呈现出逐年下降的趋势（图 4-9）。年龄老化的人口结构可能导致新型农业经营主体在农业生产经营过程中其体力和精力上可能会受到一定的限制，影响农业生产效率，同时，他们可能对新技术和市场变化的适应能力较弱，影响农场的创新和扩张。

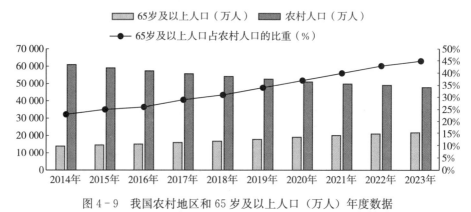

图 4-9 我国农村地区和 65 岁及以上人口（万人）年度数据

数据来源：国家统计局

（2）数字化转型

随着科技的飞速发展，数字技术在农业领域的应用日益广泛，对新型农业经营主体的发展产生了深远影响。然而，尽管数字技术带来了诸如提高生产效率、优化资源配置等利好，新型农业经营主体在数字化转型过程中却面临着一系列挑战。一方面，部分农业经营主体依然使用的是传统的机械种植过程，并没有很好地将数字技术应用于农业的生产经营管理中，项目组调研数据显示，仅有 26.99％ 的新型农业经营主体将农业信息化设施应用于生产经营场景中（图 4-10）；另一方面，数字技术基础设施的不完善构成农业数字化转型的又一个难题，特别是在一些偏远地区，互联网覆盖、电力供应等基础设施不健全。《中国互联网络发展状况统计报告》显示，截至 2023 年 6 月，农村地区互联网普及率为 60.50％，与全国数字化普及率（76.40％）相比仍有较大差距，这种区域间的数字鸿沟加大了各新型农业经营主体在信息技术获取上的不平等，进一步阻碍了其高质量发展。

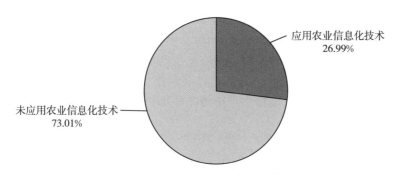

图 4-10　农业信息化技术应用情况

（3）绿色转型

农业的绿色发展事关国家粮食安全、资源安全与生态安全，需要在更加广泛的领域实现系统性、全面性的绿色转型。绿色发展是新型农业经营主体高质量发展的重要基石，其转型过程主要涉及化肥施用总量的控制、土地环境的保护与治理以及绿色优质农产品的生产加工等多个方面。根据项目组调研数据显示，在受访新型农业经营主体中，仅有 16.24％ 的户主已通过绿色、有机产品认证（图 4-11）。因此各新型农业经营主体在追求经济效益的同时，面临着如何实现绿色转型，构建低碳循环农业并提升农产品生态品质的挑战：一方面，在转型过程中，部分农业经营主体需要对设备进行绿色升级改造，这带来了一定的成本压力；另一方面，部分农业经营主体缺乏绿色转型的技术和产品开发能力，在面对新的生态环境要求时，其没有能力在短期内进行创新研发，以改造传统工艺使其符合绿色要求。

（4）经营成本上升

随着各新型农业经营主体的规模化、专业化的发展以及参与产业链环节的

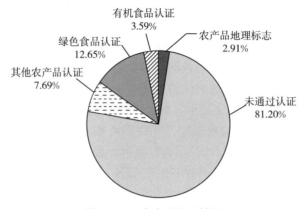

图4-11 农产品认证情况

深入，其经营成本也在逐步攀升，这构成了新型农业经营主体高质量发展的一大挑战。根据项目组调研数据显示，2022年各新型农业经营主体所面临的平均雇工费用、农地平均流转价格以及农业生产的平均总费用较2020年均有所提高（图4-12）。这些成本的增加使得各新型农业经营主体在保持盈利的同时，需要寻求更多的资金支持来维持和提升其竞争力。

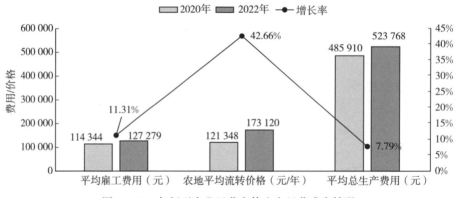

图4-12 各新型农业经营主体生产经营成本情况

4.1.3 新型农业经营主体金融需求的特征

（1）传统金融需求特征仍然存在

在新型农业经营主体高质量发展的历程中，尽管出现了诸如兼业经营、产业链嵌入、数字技术应用和品牌建设等新趋势，但传统融资特征依然显著，表现为"短、小、急、频、散"：一是融资贷款的期限通常较短，用以满足各新型农业经营主体短期的资金周转需求；二是贷款需求规模通常较小，新型农业经营主体的规模使得其贷款金额需求通常不高；三是贷款需求急性度较高，农业专业户在特定季节或面临突发状况时，可能需要迅速获得资金支持；四是贷款频率高，各新型农业经营主体的日常运营与季节性生产需要频繁的资金周转；五是新型农业经营主体的融资需求以及资金来源渠道相对分散。这些特征反映了新型农业经营主体在资金需求方面存在的结构性问题，它们制约了各新型主体的扩大再生产和长期投资，影响了农业生产经营的稳定性和可持续发展。

（2）新型金融需求特征逐步显现

①资金用途趋于多元。新型农业经营主体的金融需求呈现出日益多元化的趋势，这反映了农业经营活动的复杂性和现代农业发展的多元化需求。新型农业经营主体不再仅仅满足于传统的生产性贷款，而是寻求资金来支持多维度的农业发展。图4-13显示了受访新型农业经营主体所获贷款资金的用途情况，主要包括农业生产性投资、日常消费、非农经营以及农产品的加工、运输、贩卖等，其中占比最多的还是对于化肥、种子、种苗等生产要素和生产资料的购买。

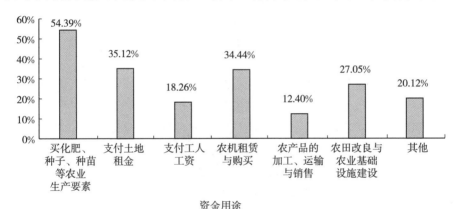

图4-13　新型农业经营主体资金用途分布情况

②融资需求规模扩大。随着农业生产现代化的推进以及农业生产经营规模的扩大，新型农业经营主体对大型、高效、智能化的农业机械及设备的需求增加，导致资本性投入显著提升。为了提升生产效率，实现集约化、规模化生产，新型农业经营主体往往需要引进新型农业机械，以及支付更高的土地流转费用。同时，各农业主体在产业链延伸中的金融需求也在逐步扩大。许多农业专业户不再局限于初级农产品生产，而是向精深加工、品牌打造和市场拓展等领域延伸。例如，建立食品加工厂、打造特色农产品品牌、扩展线上线下销售渠道等，这些都需要大量的资金支持。根据项目组调研数据显示，各县域新型农业经营主体2022年对资金的需求较2020年均有所扩大，其增长率最高达到了114.42%（图4-14）。

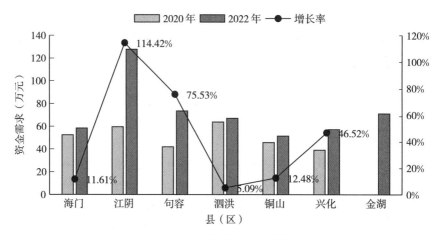

图 4-14 新型农业经营主体资金需求规模及各地的增长率

③风险保障需求激增。随着新型农业经营主体在生产经营中面临的风险日益复杂，如市场波动、自然灾害等，其对风险保障的需求急剧增加。这些风险不仅可能影响农业生产经营的短期收益，还可能对各新型农业经营主体的长期稳定和发展构成威胁。因此，新型农业经营主体对金融服务的需求不再仅仅局限于融资，而是更加注重风险管理和保障。此时，保险产品的推广与创新显得尤为重要，它可以对冲农产品价格的波动所带来的风险，为农业的收入稳定性提供保障。同时，在农业生产经营因自然灾害而遭遇经济损失时，它可以为其提供必要的恢复资金，确保各新型农业经营主体能够尽快恢复正常的生产经营能力。图 4-15、图 4-16 分别显示了各新型农业经营主体在不同保险产品上的平均支出情况和对这些保险产品的需求分布。

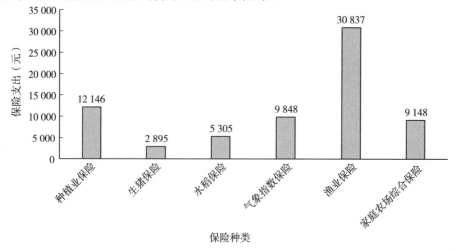

图 4-15 新型农业经营主体对不同保险产品的平均支出

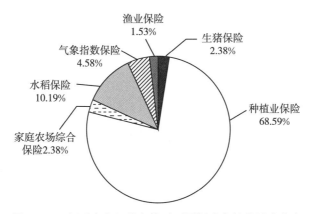

图 4-16　新型农业经营主体对不同保险产品的需求分布

4.2　新型农业经营主体发展的金融供给分析

4.2.1　金融支持新型农业经营主体发展的有利条件

（1）政策引导提升金融机构支农积极性

①货币政策。在资金结构分布不合理的问题日趋严重的当下，为了引导金融资源流向国民经济重点领域和薄弱环节，改善信贷资金的产业布局和结构，我国央行积极创设了多种结构性货币政策工具，有针对性地增强对重点领域的金融扶持力度。就涉农领域而言，我国采取了诸如支农支小再贷款、再贴现政策以及运用普惠小微贷款支持工具等多种涉农结构性货币政策（图 4-17），激励金融机构加大涉农信贷投放，形成对"三农"领域的精准滴灌和定向支持。显而易见，结构性货币政策在其中发挥了关键的引导作用，促使金融机构加大了对"三农"的支持力度。而随着涉农结构性货币政策的深化推行与金融机构支农力度的加大，涉农贷款投放量持续增长，据国家金融监督管理总局统计数据显示，截至 2024 年一季度末，全国涉农贷款余额共 60.19 万亿元，同比增长 13.5%。这不仅满足了农业农村经济发展的资金需求，还促进了农业生产效率的提高和农业经济的持续增长，显著提高了新型农业经营主体获得贷款支持的意愿和能力。

②财税政策。受到涉农主体存在严重信息不对称以及难以提供信用抵押物等因素影响，金融机构对涉农贷款投放往往缺乏动力。为了有效调动金融机构的支农积极性，政府需要通过财政补贴以及风险补偿的方式对金融机构进行激励与引导，推动金融机构加大对农业领域的投入，为新型农业经营主体提供稳定、可持续的金融支持。在财税政策的实际践行方面（表 4-1），财政贴息、

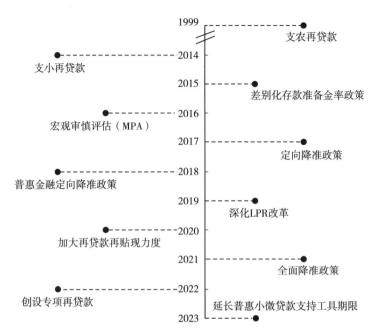

图 4-17 1999—2023 年有关提升金融机构支农积极性的主要货币政策措施汇总

数据来源：中国人民银行官网、中国银监会官网、中国证监会官网

设立风险补偿金以及推动信贷担保体系建设是三大关键手段。其共同作用机制在于降低了金融机构的贷款利息成本，增强其信贷投放的信心，同时也为新型农业经营主体提供了更多的融资担保支持。财税政策落实到江苏省层面具体体现在信贷产品的创新，例如江苏省政府与省农村信用社联合社联合推出的符合当地农村特点的信贷产品"富农易贷"，有效解决了农村金融中农户"想贷不敢贷"和金融机构"不愿贷"的双重困境。在财税政策的引导下，金融机构支农的积极性显著提升。一方面，财税政策促使金融机构增加了对农业农村的信贷投放，有效支持了农村经济发展和农民增收致富；另一方面，金融机构在服务"三农"的过程中，也实现了自身的业务拓展和盈利增长。

表 4-1　2020—2024 年国家层面有关提升金融机构支农积极性财税政策主要内容汇总

年份	主要财税政策措施	主要内容
2020	强化"三农"信贷的财税政策正向激励	实施农户小额贷款税收减免政策；对新型农业经营主体贷款实行小微企业税收优惠政策；对涉农贷款损失进行税前扣除

（续）

年份	主要财税政策措施	主要内容
2021	引导银行保险机构优化涉农金融供给	财政部通过农业生产发展资金支持农业信贷担保业务；鼓励保险公司开发适合乡村振兴的商业保险产品，提供财政补贴支持
2022	优化涉农贷款税收优惠政策	银保监会要求银行保险机构优化涉农金融供给，避免过度竞争；金融机构拓宽农村资产抵质押物范围，降低农户贷款门槛
2023	推动财税体制改革与金融生态环境优化	加大存量隐性债务化解力度，优化金融生态环境；推进财税体制改革，优化税制结构，降低金融机构运营成本
2024	深化农村金融改革与农业专项贷款支持	严格落实化债举措；推进新一轮财税体制改革，优化现代预算制度；多部门联合开展金融支持乡村全面振兴专项行动，加大高标准农田和设施农业建设金融支持

数据来源：2020—2024 年中央 1 号文件、中国银保监会官网、《乡村振兴战略规划（2018—2022 年)》

③监管考核。监管考核在推动金融机构支持新型农业经营主体发展方面起到了关键的引导作用。通过设定科学的考核指标，监管机构能够激励金融机构优化信贷结构，增加对农业领域的资金投入，从而满足新型农业经营主体的融资需求。这不仅有助于提升其市场竞争力，还能促进农村经济的可持续发展，实现乡村振兴的战略目标。在监管考核的具体实践上，监管机构不断优化和完善考核指标体系，对金融机构的涉农贷款、农户贷款和小微企业贷款占比与增速均提出了具体要求。如表 4-2 所示考核指标的调整，在一定程度上体现了监管机构对金融机构支农工作的精细化管理和动态调整，以便其更好地适应新型农业经营主体的融资需求和市场变化。而在此动态调整过程中，小微企业贷款资产质量水平和贷款综合成本也受到了合理的控制与调整，以确保其资金使用的安全性与合理性。

表 4-2　2020—2024 年监管考核指标具体内容汇总

年份	主要财税政策措施	主要内容
2020	强化"三农"信贷的财税政策正向激励	实施农户小额贷款税收减免政策；对新型农业经营主体贷款实行小微企业税收优惠政策；对涉农贷款损失进行税前扣除

（续）

年份	主要财税政策措施	主要内容
2021	引导银行保险机构优化涉农金融供给	财政部通过农业生产发展资金支持农业信贷担保业务；鼓励保险公司开发适合乡村振兴的商业保险产品，提供财政补贴支持
2022	优化涉农贷款税收优惠政策	银保监会要求银行保险机构优化涉农金融供给，避免过度竞争；金融机构拓宽农村资产抵质押物范围，降低农户贷款门槛
2023	推动财税体制改革与金融生态环境优化	加大存量隐性债务化解力度，优化金融生态环境；推进财税体制改革，优化税制结构，降低金融机构运营成本
2024	深化农村金融改革与农业专项贷款支持	严格落实化债举措；推进新一轮财税体制改革，优化现代预算制度；多部门联合开展金融支持乡村全面振兴专项行动，加大高标准农田和设施农业建设金融支持

数据来源：中国银保监会官网、国家金融监督管理总局官网

④内控管理。在金融支持新型农业经营主体发展的过程中，于金融机构而言，内控管理尤为重要，因为它不仅关系到金融机构自身的风险控制和合规经营，还直接影响到其服务新型农业经营主体的质量和效率。通过加强内控管理，金融机构可以更好地识别和评估外在与内在风险，采取相应的措施进行防范和应对，从而确保其业务的稳健运行。在内控制度方面，金融机构注重对涉农贷款的尽职免责制度的建立与完善，通过明确信贷业务中各方责任以及关键环节的职责划分，确保了涉农贷款业务的风险可控。同时，该制度对风险警示和告知义务做出了详细规定，要求金融机构向借款人清晰告知潜在风险。此外，还建立了跨部门合作机制，加强了各部门间的信息共享和沟通，实行风险的共同控制。金融机构通过严格执行内控制度，有效提升了服务新型农业经营主体的效率和质量。一方面，金融机构通过优化涉农贷款审批流程，缩短了贷款发放时间，使新型农业经营主体能够及时获得资金支持，促进了农业生产规模的扩大和效益的提升。另一方面，通过加强内控管理，金融机构还提高了对涉农主体客户的信用评估和风险管理能力，确保了信贷资金的安全性和有效性。

（2）农业政策性担保提供融资增信

长时间以来，现代农业生产过程都面临着长期限、高额度的投资需求难题，新型农业经营主体作为其中的重要主体也深受其扰。而随着政策性担保机构的覆盖度不断扩大，其为涉农主体融资增信的作用越来越明显，极大地提高

了新型农业经营主体的融资可得性，以较低的担保费用减轻了其融资负担。农业政策性担保作为一种有效的金融增信手段，通过推动建设政策性担保体系，为新型农业经营主体所拥有的生产、回收周期较长的农产品给予了较长的担保期限，极大地解决了农业生产中的长周期资金需求。农业政策性担保机构通常由政府或政府支持的机构设立，它采取为新型农业经营主体提供担保的方式，有效提升其信用等级，增强银行贷款的可得性。在农业政策性担保的支持下，金融机构对于开展"三农"工作的积极性明显增加。近年来，随着农业政策性担保体系的不断完善，越来越多的新型农业经营主体获得了融资支持，截至2023年1月末，全国农担体系业务已覆盖全国2 701个县级行政区，对全国1 699个农业大县实现业务全覆盖，累计支持250万担保项，累计担保金额8 100亿元，足以看出农业政策性担保对新型农业经营主体融资增信的支持力度之大。

（3）数字信用信息平台缓解征信难题

数字信用信息平台的建设为解决新型农业经营主体融资征信难题提供了有效方案。该平台通过整合政府、金融机构及第三方机构等多方数据资源，打破了传统征信体系的局限性，实现了政务数据与金融数据的深度融合，为金融机构提供了全面、准确的企业信用信息，极大地降低了信息不对称的风险。目前国内所建设的与涉农主体密切相关的数字信用信息平台主要包括中小企业信用信息平台以及依托地区农业产业设立的农业信息平台，分别通过归集公用信用信息以及依据农产品产业链各环节汇聚的数据为平台中的新型农业经营主体提供金融支持。由上显而易见，数字信用信息平台能够显著提升金融机构对新型农业经营主体的信贷投放意愿，缩短贷款审批时间，提高贷款发放效率。据全国中小企业融资综合信用示范服务平台的不完全统计，部分入驻平台的地区新型农业经营主体贷款审批时间平均缩短了30％以上，贷款发放成功率提高了20％以上。同时平台还帮助其提升了信用意识和信用管理水平，为后续融资和发展奠定了坚实基础。

（4）农村产权交易平台盘活"沉睡"资产

由于缺乏合格抵押物而无法获得融资的阻碍频频在农村金融市场上出现，这在一定程度上限制了农村经济的发展潜力。为打破这一瓶颈，农村产权交易平台应运而生，通过使新型农业经营主体的农业生产要素中的包括土地承包经营权、宅基地使用权等"沉睡"资产在内的各类资产价值得到认可，增加了其获得大额度、长期限融资的机会。农村产权交易平台通过对农村资产进行确权登记，明确产权归属，为资产的合法流转奠定了基础。平台不定时发布资产流转信息，同时接连提供一站式服务，提升了整体资源的利用效率。农村产权交易平台的建立带来了显著的成效。一方面，平台促进了农村资产的流转和集中，使得新型农业经营主体能够获得更多的资金支持，推动了农村经济向规模化、集约化方向发展。据国内农村产权交易平台运营的实际数据显示，全国范围内土地流转面积大幅增加，流转率显著提升，一些地区的土地流转面积占比甚至从过去的不足 10% 提高到了 30% 以上。另一方面，平台提高了农村资产的利用效率，使得原本闲置的资产得以重新焕发生机，为农村经济发展注入了新的活力。

4.2.2 金融支持新型农业经营主体发展的举措

（1）构建多元化的金融供给格局

就当前来看，金融供给格局的多元化构建已取得显著进展。大型商业银行积极下沉服务重心，显著加大了对农村基层的信贷投放力度，成功将金融服务延伸至新型农业经营主体，提供了更为高效便捷的金融服务。与此同时，中小银行坚守服务"三农"的市场定位，将更多金融资源配置到了新型农业经营主体上。通过优化网点布局，在县域和农村地区合理增设网点，中小银行充分利用地缘优势，针对新型农业经营主体抵押物不足的问题，积极探索将农业设施、大型农机具、存货等农业生产要素纳入抵押物范围，从而完善了对服务对象的信用管控机制，有效降低了信贷风险，显著提高了金融支持新型农业经营主体的服务覆盖面和便捷性。

在金融供给格局的构建中，政策性金融与商业性金融已实现有机结合，多方主体如非银行金融机构、互联网金融平台等新型金融业态积极参与农村金融市场，为新型农业经营主体提供了更加多样化的融资选择。此外，政府设立了专项基金并引导社会资本设立投资基金，为新型农业经营主体提供了有力的资金支持，进一步拓宽了其融资渠道，全面提升了融资可得性和便利性，为其健康、持续发展注入了新的动力和活力（图 4 - 18）。

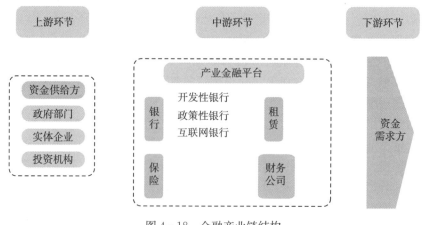

图 4 - 18　金融产业链结构

数据来源：前瞻研究院

（2）加快产品与服务创新

通过创新性地开发出新型融资产品，金融机构有效地满足了新型农业经营主体的融资需求，并推动了现代农业的发展。其具体反映在以下几个方面：其一，金融机构深化对涉农主体资产特性的理解，成功开发了一系列适应其特性的融资产品，例如，利用土地承包经营权、农房所有权等作为抵押物的贷款产品，并通过动产融资登记系统和农村产权交易平台等金融基础设施，显著提高了新型农业经营主体利用动产融资的便捷性。其二，金融机构完善了资产价值评估机制和处置抵质押物的资产变现机制的构架，确保新型农业经营主体能够获得与其资产价值相匹配的贷款额度，并探索出了有效的资产变现方式，显著提高了农业生产要素的流动性。此外，金融机构还积极探索绿色金融产品和服务，为新型农业经营主体提供了风险保障和资金支持，推动了其可持续发展。福建省宁德市古田县的"光伏＋食用菌菇棚"模式就是一个成功的案例，该模式通过"商业＋环境"的方式将绿色金融和涉农企业的生产活动有效融合，不仅推动了新型农业经营主体的专业化经营和规模化生产，还助力了中国"双碳"目标的实现。

（3）发展农业供应链金融

随着农村产业结构的不断升级和市场化进程的持续加速，供应链金融已成为适应产业升级、破解融资难题的关键手段。针对新型农业经营主体这类服务对象，供应链金融已成功将其生产活动融入价值链，形成规模效应，并有效降低了融资成本。农业供应链金融模式通过整合供应链上的信息流、物流和资金流，为新型农业经营主体提供了更为全面、高效的金融服务。

就目前来看，在供应链金融的实践过程中，农业供应链金融的发展依托电商平台、农业大数据平台等，成功整合了农业经营主体的生产、销售、交易等数据信息，构建了完整的供应链信息体系，实现了资金流、物流、信息流的一体化管理（图4－19）。这一举措使得新型农业经营主体等小微主体能够更好地把握市场动态，提升生产经营决策效率，并成功实现了线上销售支付与线下物流模式的顺畅运行。通过线上支付平台，农产品交易得以快速结算，同时结合线下物流体系，确保了农产品的及时配送和供应链的高效运转，从而保证了农业供应链的稳定运行。

（4）推动农业保险稳步增长

新型农业经营主体在中国农村金融市场上往往面临着包括风险保障在内的多样化金融需求，其中农业保险发挥了至关重要的作用。近年来，中国的农业保险领域取得了显著进展，保费规模持续增长，为农户提供了强有力的风险保障。具体而言，2022年农业保险保费规模已达到1 192亿元，这一数字彰显了农业保险市场的蓬勃发展。这一年里，农业保险为1.67亿户次农户提供了高

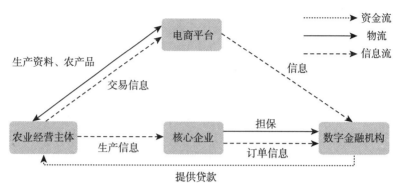

图 4-19 农业供应链金融数字化流程

达 5.46 万亿元的风险保障，充分显示了其在保障新型农业经营主体稳定经营方面的重要作用。此外，中央财政也加大了对农业保险的投入，2022 年拨付的农业保险保费补贴高达 434.53 亿元，进一步推动了农业保险的发展。

在推动农业保险稳步增长的过程中，政府、保险公司及金融机构等多方通过共同努力取得了积极成效。政府方面，通过制定和实施相关政策，鼓励保险产品的创新，加大保费补贴力度，有效提升了农户的参保积极性和农业保险的覆盖面。保险公司则运用现代科技手段，优化承保理赔流程，提高了精准性和时效性，同时强化了大灾风险管理和防灾防损管理，确保在灾害发生时能够及时为农户提供经济补偿。此外，金融与保险的融合创新也取得了新进展，如"保险＋信贷"等新型金融服务的推出，进一步满足了新型农业经营主体的资金需求，为其提供了更加全面、有效的风险保障，促进了其稳定经营和持续发展。

4.3 金融支持新型农业经营主体的成效

随着金融对新型农业经营主体支持力度的不断加大，新型农业经营主体融资难、融资贵的问题得到了有效缓解，从项目组的调研数据中可以看到，2022年银行累计贷款金额较 2020 年实现了显著性增长，在一定程度上满足了新型农业经营主体的金融需求（图 4-20）。同时，2020 及 2022 年的银行年贷款利率始终保持在较低水平（图 4-21），有效降低了新型农业经营主体发展所需的融资成本，为新型农业经营主体提供了更为优惠的发展条件，降低了其经营压力。这一系列金融支持举措，无疑为新型农业经营主体的发展提供了强大的动力，推动了农业现代化的进程。

新型农业经营主体在推进农业现代化的过程中，常常面临着自然灾害频

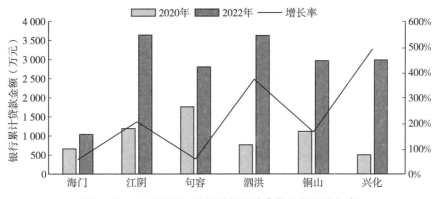

图 4 - 20　2020 及 2022 年银行累计贷款金额及增长率

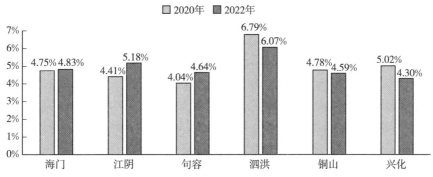

图 4 - 21　2020 及 2022 年银行年贷款利率

发、病虫害威胁等不可控因素带来的经济损失，这些风险不仅威胁到农户的生计安全，也制约了农业生产的可持续发展。而农业保险则作为一种有效的风险管理工具，逐渐成为了新型农业经营主体的重要支撑。根据项目调研数据可知，农业保险通过提供损失弥补机制，有效缓解了新型农业经营主体因灾害造成的经济损失（图 4 - 22），为他们提供了恢复生产的资金保障。同时，金融机构在农业保险理赔服务上的不断优化，使得理赔速度显著提升（图 4 - 23），农户对于理赔流程的满意度也随之增强。这种高效、便捷的理赔服务，一方面使得新型农业经营主体在面对自然灾害时能够迅速获得赔偿，减轻经济负担，保持生产的连续性和稳定性；另一方面，随着理赔速度的加快和满意度的提升，农户对于农业生产的信心进一步增强，推动农业现代化进程加速发展的同时，有效实现了金融支持新型农业经营主体的高效发展。

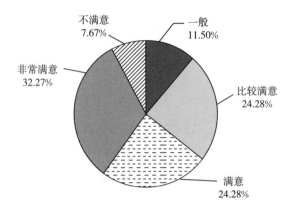

图 4 - 22　农业保险损失弥补能力满意程度

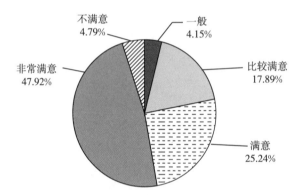

图 4 - 23　农业保险理赔速度满意程度

金融支持新型农业经营主体发展的路径与困境

5.1 金融支持新型农业经营主体发展的路径

5.1.1 健全金融供给体系，构建更加完善的农村金融市场

（1）坚持错位竞争策略，完善多元化、多层次的农村信贷服务体系

首先，坚持错位竞争战略，非涉农机构针对家庭农场供给和需求的现状加强农村信贷产品的创新，涉农机构应将农户认知、风险管控、渠道创新等研究成果相结合，以情景化思维解读农户对信贷服务的真实需求，并利用金融科技推动农户信贷产品创新。其次，政策性金融机构、商业性金融机构、合作性金融机构必须进一步明确分工，健全农村金融服务的结构和功能，完善农村金融服务体系。农业银行要加大对农业现代化、农村城镇化、农村商贸流通业、乡村旅游业等领域的信贷供给，在提高经济效益的同时支持农村经济发展；农业发展银行要强化信贷支农功能，根据时代发展调整业务重点、扩大支持范围，争取涵盖所有涉农区域，充分发挥农村金融补充的作用；农村信用社要积极推进银行化改革，围绕健全法人治理、化解历史包袱、规范经营管理行为三方面进行。最后，要对涉农金融机构的内部治理制度进行积极主动地改进，对现行的组织架构进行改革，使其经营管理活动更加规范化；同时也要加速数字化战略转型，拓展业务经营的规模与广度，助力乡村经济的发展。

（2）创新业务合作模式，健全风险分担机制和奖补制度

农户信贷供给的风险防控是金融机构信贷供给的主要问题之一。首先，当地政府、农业部门和信用社可以建立农民的信息中心，提高对市场的分析和预报能力，涉及农民产前、产中和产后的服务，为他们提供所需的资料和咨询，增强他们的知识水平和管理水平。其次，随着科技时代的发展，各机构可以利用大数据平台，收集并分析信用数据，构建涵盖供应全过程的信用风险预警平台。在此基础上，通过对信用业务和大数据的融合，改进基于规则引擎的企业信用评级模型、交易欺诈防范模型、行为催收模型，建立一个涵盖贷前、贷中、贷后的完整风险管理系统。最后，建立健全农村征信体系建设，完善农户

信用档案。解决信息不对称问题，同时启用奖惩机制促进农村信用良好环境建设。

（3）聚焦家庭农场信贷需求，提升金融服务效率

第一，扩大农贷担保的覆盖面，发展符合其特点、需要的差别化信贷产品，提高其适配性和精准性。第二，创新家庭农场担保服务、信贷产品，简化服务流程，提高金融服务效率。第三，规范抵押担保收费，解决高收费、乱收费等不良现象；规范抵押物处置流程、健全抵押担保评估标准、完善相关法律法规，解决家庭农场融资难的问题，提升金融服务效率。

5.1.2 健全金融产品体系，满足新型农业经营主体多样化融资需求

（1）创新农村金融产品，更好地满足家庭农场融资需求

一是推动金融机构服务流程与家庭农场产业链有效联结，针对家庭农场产业链中从生产到售后等不同环节提供对应的金融产品和金融服务，满足家庭农场的融资需求。二是根据家庭农场产业的特点，设置合理的贷款期限，规范评估贷款人的真实偿债能力，在合理范围内适当加大对家庭农场信用贷款的投放力度。针对不同的家庭农场农户的特点，打造特殊金融产品或金融服务。三是发挥金融科技的优势全面提高金融服务效能。将金融科技的应用广泛渗透在农业农村有关方面，加速推动农村数字普惠金融的发展，通过数字方式解决农村金融服务的问题，提高金融服务的覆盖面、便利性和精准性。

（2）拓展增信与风险缓释渠道，撬动更多的金融资源

建立健全农业保险与农业信贷融资的协调联动机制。要把农业保险和农业信贷融资有机地结合起来，解决农业保险对农业发展的融资难问题，增强农业保险对现代农业的推动作用。设计"保险＋信贷"一体化产品。开发既能保障农业生产风险又能提供融资支持的保险产品，如"保险＋担保""保险＋直贷"等模式，降低农户融资门槛和成本。建立信息共享机制，加强保险公司与金融机构之间的信息共享，包括农户的保险投保情况、赔付记录等，作为信贷审批的重要参考，提高贷款审批效率。建立风险共担机制，探索建立农业保险与信贷机构的风险共担机制，明确双方的责任和权益，共同分担贷款违约风险。

完善农村新型产权抵押融资体系。明确产权界定与登记，加快农村土地经营权、集体经营性建设用地使用权等新型产权的确权登记颁证工作，确保产权清晰、可流转。建立抵押登记与流转平台，搭建统一的农村产权交易平台，提供产权评估、抵押登记、流转交易等一站式服务，提高产权流转效率和透明度。创新金融产品与服务，金融机构应针对新型产权特点，设计专属的抵押贷款产品，如"土地经营权抵押贷款""集体建设用地使用权抵押贷款"等，满

足农户多样化融资需求。

设立涉农信贷风险补偿金。政府引导设立风险补偿基金：由地方政府或财政出资，设立专项风险补偿金，用于补偿因自然灾害、市场风险等不可抗力导致的信贷损失。完善风险分担机制，明确政府、金融机构、农户等各方在风险分担中的比例和责任，鼓励金融机构加大涉农信贷投放力度。动态调整补偿政策，根据农业生产经营情况和金融市场变化，适时调整风险补偿金的规模、补偿标准和覆盖范围，保持政策的灵活性和有效性。

（3）完善农业保险体系，提高家庭农场的保障水平

提升农业保险整体保障水平，全面提高农业保险的覆盖面。根据区域和农户的差别，继续扩大全面成本保险和收入保险的适用范围，建立多层次的保险保障。引导保险公司向农村、乡镇延伸，设立基层服务点，逐步实现县域、市、省全部保险机构的覆盖。完善政府对农业保险的政策扶持和财政补贴，加大农业保险补贴力度，拓宽财政补贴险种，合理确定农业经营主体承担的保费水平，帮助农户对生产要素进行有效配置，提升农户对农业生产经营升级和优化的驱动力，从而推动农业现代化，提高家庭农场保障水平。

5.1.3　健全政策支持体系，有效引导农村金融健康发展

（1）推动协同发力，构建完善的家庭农场扶持政策体系

首先，加强农村的土地制度改革。确认土地承包经营权，积极贯彻落实土地流转制度与政策，确定农户对土地的经营权，颁发经营权证书，确保农民有权，有合法的依据和凭证，承包、转让、入股和合作经营土地。其次，建立健全科学的土地流转交易与服务平台，方便农户进行土地流转与管理。建立方便、易于理解的土地流转信息登记系统，以及签订合同、保障转让、管理和解决土地争议的机制，使农户在土地流转和土地经营中有法可依，为家庭农场的发展保驾护航。最后，建立协作政策实施效果评估机制，以问题协调和交流为手段，改进制度构建，以达到政策反馈的协同效应。

（2）丰富考核手段，构建科学合理的农村金融考核评估体系

一是要加强对重点地区粮食信用风险的监控。为满足我国粮食安全等国家重大战略需求，对我国粮食行业的融资需求进行了深入的分析与评价。同时，通过分析得到的数据与研究，可以为相关部门、金融部门制定更为精准的信贷扶持政策提供参考。二是要建立个性化、差异化的评估准则和评估指标体系。针对不同的金融机构在农村金融方面的特点以及具体的业务状况，需要针对其自身的优点与特征量身定做相应的评价指标。这有助于对不同金融机构的经营业绩进行更为精准的评价，并根据自身发展的需要，对其进行有效的金融服务。三是细化统计口径。综合分析各类涉农信贷的使用情况，有助于更好地掌

握我国农村经济多样化发展的态势。

5.1.4 健全支撑保障体系，促进农村金融可持续发展

（1）加强农村金融机制创新，促进多主体间协同联动

加强农口、金融、金融监督等多个方面的合作联动机制，促进合作工作机制的高效建设，增强各个部门间的沟通，不断提升金融服务农村农户的能力。一是加强各级政府间的交流与合作，建立规范的协调机制，让多方力量共同参与农村金融保障体系的规划与建设。二是要明确不同职能部门间的职能分工，加强部门间的合作与配合，实现各方优势互补、资源高效整合。三是探索多元主体的协同互动模式，为产学研结合提供合适的保障与激励机制，推动农村金融创新。

（2）发挥金融辅导和服务专员作用，提升家庭农场金融可及性

一方面，建立金融辅导制度。当地政府应该与大学、研究机构一起，对家庭农场农业生产各个环节的理论知识进行培训，并在此基础上，举办有关数字农业技术的讲座和论坛，使专家学者与农户之间能够相互交流，对金融知识薄弱的家庭农场农户进行有针对性的培训，通过开设相应课程持续提高经营主体的金融素养，逐步建立起完善的金融辅导制度。另一方面，实行金融服务专员政策。在实施前要对服务专员在专业和能力方面进行严格的考核和管理，同时，相关部门要强化对服务专员的评价与培训。例如，要加速服务专员工作的进度，引导服务专员积极参与到基层治理中来，逐步将服务专员队伍打造成为一支本地化、专业化的为农村金融服务的人才，使农村的金融服务链条得到充分的激活。

（3）强化科技赋能，推动家庭农场数据信息体系建设

依托数字技术推动家庭农场数据信息体系建设。搭建涉农大数据信用信息共享平台和征信平台，实现农村信用信息数据归集和应用。将农产品交易、市场监管、涉农金融机构等分散的数据进行整合，利用大数据等先进的信息技术，构建一个统一、开放的农村金融数据共享平台。以本地智慧农业中心、无人农场等为基础，向优秀的农户提供参观、交流、实际操作数字农业科技设备的机会，提升农户的数字化能力。

5.2 金融支持新型农业经营主体发展过程中的困境

5.2.1 超出信用额度的贷款需求难以满足

高质量发展阶段，新型农业经营主体扩大经营规模、添置大型设备等对超出信用额度的贷款需求更加迫切，但往往难以获得。对于超出信用额度的融资，银行往往以新型农业经营主体提供抵押或者担保作为贷款条件。然而，对

于处于发展初期、有大量资金需求的新型农业经营主体，由于存在较高的经营风险，其很少拥有符合银行要求的抵押物，在抵押物方面很难得到银行认可，难以获得金融支持。而银行愿意贷款的新型农业经营主体，多具有实力雄厚、经营状况良好、收入稳定的特点，信贷供应往往非常充分。因此，新型农业经营主体和银行之间存在着严重的供给错位问题，贷款抵押担保方式的单一性、局限性使得有大额资金需求的新型农业经营主体难以获得超出信用额度的贷款。

5.2.2　农村金融产品的适配性有待提升

新型农业经营主体金融需求的多元化与有效金融产品供给不足的矛盾日益突出。其一，新型农业经营主体要求的融资期限多元：既有期限较短的短期借贷，用于购买生产所需的化肥、农药、种苗等；也有周期较长的中长期借贷，用于购买大型机械或租赁土地来扩大再生产。根据项目组调研数据显示，有39％的家庭农场有短期资金需求，10％的家庭农场有长期资金需求，还有15％的家庭农场既有短期资金需求又有长期资金需求，可以看出部分家庭农场的金融需求不仅仅局限于短期或长期贷款，而是呈现出多样化的态势。然而，考虑到新型农业经营主体诸如家庭农场、农户等存在经营风险较高、财务规范化程度低等问题，金融机构通常倾向于提供期限较短的贷款以有效降低自身的风险承担，致使新型农业经营主体难以获得正规金融机构的长期资金支持。

其二，新型农业经营主体在申请大额度贷款时，需要将土地、农机具、房屋等作为贷款担保，而这通常面临诸多困难。一方面，土地虽然具有价值，但其使用权和产权的界定可能不清晰，影响了其作为担保物的有效性；另一方面，农机具、房屋等资产的评估和价值认定也存在一定难度。而目前金融机构在应用创新性抵押担保物上仍在探索中，金融产品同质化程度较高、缺乏针对性，导致新型农业经营主体难以获得较大额度的贷款，制约了其进一步发展。

5.2.3　农村信用信息体系有待完善

健全的农村信用信息体系可以极大地降低新型农业经营主体的融资成本、拓宽融资渠道，从而保障农业生产的稳定性和连续性。然而当前的农村信用信息体系仍未完善，新型农业经营主体的融资约束难以得到缓解。第一，信息采集难度大，信息失真问题突出。一方面，新型农业经营主体分布广泛，且经营规模、经营方式各异，使得信息采集工作量大且复杂。另一方面，由于农村地区信息化水平相对较低，部分新型农业经营主体财务规范化程度低，导致采集到的信息可能存在失真、失实问题。这不仅影响了信用评价的准确性，也增加了金融机构的风险防控难度。第二，农村信用信息体系中的信用评价体系尚缺乏统一的评价标准和方法。不同地区、不同金融机构在信用评价时往往采用各自的标准和模型，导致评价结果存在较大的差异性和主观性。对于新型农业经营主体而言，这种信用评价的不一致性不仅会影响其融资效率和融资成本，也增加了新型农业经营主体在跨地区、跨机构融资时的难度。第三，信用信息共享机制不健全，信息孤岛现象严重。一方面，政府部门与金融机构之间缺乏有效的信息共享渠道和平台，导致信用信息无法实现跨部门、跨地区的互联互通。另一方面，部分机构出于保护自身利益的考虑，不愿意将信用信息与其他机构共享，进一步加剧了信息孤岛现象。这种信息共享机制的不健全，使得新型农业经营主体的信用信息无法被充分利用，影响了其融资便利性和可获得性。

5.2.4　农村金融信用风险缓释能力不足

受农业主体特点和农村经济发展水平等影响，农村金融信用风险较城市更高，而应对措施尚且不足，导致对新型农业经营主体等农业主体的金融供给短缺。第一，"信贷＋担保"合作不紧密，农业信贷担保体系尚不完善。由于新型农业经营主体抵质押品不足，导致其难以满足银行的贷款发放标准，而担保机制的引入则能够作为一种有效的风险分担手段，显著降低银行在提供贷款时所承担的信用风险，从而有效调动银行支农的积极性。然而目前我国银行业金融机构与担保机构之间的贷款风险分担机制不健全，尚未形成风险共担、互利共赢的局面。此外，农业信贷担保机构规模较小、资本金少、后续资金补偿匮乏、风险化解能力和代偿能力低，导致银行贷款的信用风险无法得到分担。第二，银保协同程度不高，涉农贷款保险难以发挥其分散风险的作用。一方面，由于保险公司和金融机构之间缺乏足够的利益交集，新型农业经营主体信贷融资与保险配套合作机制尚未建立，导致信贷和保险组合工具匮乏。另一方面，目前涉农贷款保险整体上存在品种单一、覆盖面窄的问题，难以充分发挥涉农贷款保险业务在分散金融机构涉农信贷风险方面的作用。

5.2.5　农业保险的保障水平较低

农业保险仍存在着品种不足、保障程度不高的问题，导致新型农业经营主体抵御大范围的自然灾害和重大传染性疾病的能力不足。第一，农业保险产品品类不足。新型农业经营主体经营多样化，涉及的农产品种类繁多，但目前市场上的农业保险产品品类仍显不足，尤其是地方特色农产品保险较少，使得部分新型农业经营主体面临的风险无法得到有效的保障。第二，风险保障程度不高。一方面，现有的农业保险往往只针对生产风险进行保障，对市场价格风险、收入损失风险等关注不足，无法为新型农业经营主体提供全面的风险保障。另一方面，尽管国家加大了对农业保险的财政补贴力度，但部分地方财政补贴力度仍显不足，且补贴需经各级政府审批后拨付，拨付周期长、应收率较高，部分市县还存在拖欠保费、配套不到位等情况，这在一定程度上影响了农业保险的投保率和覆盖面。进一步从农业保险深度来看，中国的农业保险深度虽逐渐提升，但与发达国家仍有差距。美国农业保险深度常年在5％以上，而中国的农业保险深度则处于较低水平，农业保险的保障水平相对较低，难以满足新型农业经营主体高质量发展阶段日益增加的风险管理需求。

CHAPTER 6

金融支持新型农业经营主体发展的实证分析

6.1 "整村授信"对家庭农场高质量发展的影响

6.1.1 引言

习近平总书记指出，要突出抓好农民合作社和家庭农场两类农业经营主体发展，赋予双层经营体制新的内涵，不断提高农业经营效率。他强调，培育好家庭农场和农民合作社，发展适度规模经营，健全专业化、社会化服务体系。党的二十大报告明确提出，要积极培育新型农业经营主体，确保农村基本经营制度充满活力，为促进乡村振兴和实现农业农村现代化创造有利条件。2022—2023 年，农业农村部及各地农业农村厅陆续发布了家庭农场的管理制度。毫无疑问，家庭农场作为新型农业经营主体之一，已成为中国农业现代化不可或缺的重要力量。

然而，当前我国家庭农场在实现高质量发展方面仍面临诸多挑战。具体而言，家庭农场存在科技支持不足、生产效率低、经营规模小以及产品附加值低等问题。这些问题的根本原因在于农户缺乏足够的资金和稳定发展的空间。高成本、低回报、贷款难、扶持少等困境，仍是制约家庭农场发展的主要因素。根据农业农村部的数据，2015 年家庭农场购买生产投入品的总值为 589.82 亿元，平均每个家庭农场年均投入 17.2 万元。然而，家庭农场年销售农产品总值为 1 260 亿元，平均每个家庭农场的产值为 36.8 万元，但年均利润仅为19.6 万元。在融资方面，2015 年仅有 2.01 万个家庭农场获得贷款支持，占总数的 5.88%。这表明大部分家庭农场未能获得融资支持。尽管 2020 年农业农村部发布了《新型农业经营主体和服务主体高质量发展规划（2020—2022年）》，通过政策支持来改善资金问题，但截至 2024 年，农业规模化经营主体（包括家庭农场）依然面临融资供给不足、贷款获批率较低的问题。据《中国金融》杂志的研究显示，农业经营主体的贷款申请通过率仅为三分之一，家庭农场和农民合作社仍有约 20% 的主体未能获得预期资金。资金短缺限制了新型农业技术、机械设备及良种的投入使用，同时，缺乏稳定发展的空间导致家庭农场实际经营规模小于理想规模，影响了其高质量发展。因此，解决资金短缺问题并提高发展稳定性，已成为推动家庭农场高质量发展的关键措施（罗玲玲，2023；徐妍，2021）。

在中国农业现代化进程中，家庭农场作为重要的农业经营主体，其资金来源主要依赖自有资金、贷款及政府补贴。"整村授信"政策为家庭农场提供了便捷的融资渠道，解决融资难题并增强家庭农场稳定性、促进其高质量发展。传统的农业贷款模式通常要求农户提供抵押物或担保，这使得很多小规模家庭农场由于缺乏足够资产而难以获得贷款。而"整村授信"模式通过对农户及其经营主体的信用评估，为其提供基于信用的贷款支持，极大地降低了融资门槛。家庭农场可以凭借个人或家庭的信用记录，获得无担保的信用贷款，从而解决了其资金短缺的问题。这种便捷的融资方式使得家庭农场能够更灵活地应对市场需求和生产周期，提升其资金周转效率。

"整村授信"政策的推出，显著推动了江苏省农村经济的融资支持，并为乡村振兴和农业高质量发展提供了有力的金融保障。2021 年，江苏省农业农村厅与省农村信用联社联合推出了普惠信用贷款产品"富农易贷"，并实施了整村授信行动。该产品凭借低门槛、免担保、纯信用、小额度和广覆盖的优势，有效满足了全省农户 30 万元以内的融资需求。截至 2022 年 6 月末，"富农易贷"已覆盖全省 14 392 个行政村，覆盖率达到 95.9%；授信农户达 736.6 万户，占全省农村居民总户数的 63.3%；授信总金额达到 6 851 亿元，户均授信 9.3 万元。其中已有 82.3 万户农户使用贷款，金额达到 782 亿元。这一举措大大提升了农村普惠信贷的覆盖面和受益面，助力了农村经济的快速发展。2023 年及 2024 年，五大部门联合发布的《关于金融支持全面推进乡村振兴，加快建设农业强国的指导意见》以及《关于开展学习运用"千万工程"经验，加强金融支持乡村全面振兴专项行动的通知》，进一步支持了"整村授信"政策，旨在促进农民增收和推动农村经济高质量发展。因此，"整村授信"政策的实施可为家庭农场的高质量发展提供新的动力，并为乡村经济注入活力。

基于上述背景，本文以 2021 年江苏省 6 县 487 家家庭农场的样本数据为基础，从微观层面研究"整村授信"政策对家庭农场高质量发展的影响及作用机制。本文的主要贡献在于：第一，采用收入水平和收入稳定性作为解释变量，分析家庭农场高质量发展的水平，并为家庭农场高质量发展的指标创新提供参考；第二，首次使用家庭农场微观数据探讨"整村授信"政策对家庭农场高质量发展的影响，并从微观视角分析其作用机制，丰富了农村数字金融的相关研究；第三，提供了"整村授信"政策效果的实证评估，帮助政策制定者了解政策实际效果，为政策调整与优化提供依据，同时揭示了该政策对不同类型家庭农场的不同影响，为政策制定者精准施策提供参考，从而更有效地分配资源与设计政策。

6.1.2 文献综述

（1）"整村授信"政策

整村授信作为一种创新性的金融服务模式，在推动乡村振兴和解决农村金融服务短缺方面起到了重要作用。其核心思想是通过金融机构以行政村为单位进行集中管理和批量授信，为农村地区的农户和农业经营主体提供信贷支持。整村授信不仅有助于提高农村金融服务的覆盖率，还能有效推动农村经济的发展（黄慧君等，2024；亢雅萌等，2024）。

整村授信通过建立农村信用体系，为农民提供便捷的金融服务。许多学者指出，传统的农村金融模式过于依赖抵押物和担保，导致农户尤其是小规模经营的农户，难以获得贷款。而整村授信则通过建立信用档案和信用评级，打破了这一壁垒，为农户提供了无须担保的信用贷款。这一模式有效提升了农村地区金融服务的可得性，解决了农民"贷款难"的问题（王元，2023；郭瑛琰等，2023）。

整村授信有助于促进乡村振兴和农村经济发展。通过金融机构的大规模授信，农民可以获得资金支持，用于农业生产、产业发展以及日常消费，从而带动了当地经济的增长。此外，整村授信模式通过村委会的参与和村内信贷评议，促进了农村信用体系的建设，进一步稳定了农村金融秩序，提升了农民的信用意识（江天伦等，2023）。

（2）家庭农场高质量发展

家庭农场作为一种重要的农业生产形式，在推动农村经济发展、保障粮食安全、促进农业现代化等方面发挥着重要作用。近年来，随着中国农业现代化进程的加快，如何实现家庭农场的高质量发展，成为学术界和政策制定者关注的重点。

高质量发展作为当前经济发展的核心目标，不仅仅是追求经济的数量增长，更注重增长的质量和可持续性。高质量发展的内涵包括创新发展、协调发展、绿色发展、开放发展和共享发展。在家庭农场的背景下，高质量发展意味着农业生产不仅要提高产量，还要注重农业资源的合理利用、环境保护、科技创新的应用以及农民收入的稳步提升。因此，家庭农场高质量发展体现为从"数量扩张"向"质量提升"的转变，是一种更为综合和可持续的农业发展模式。

学术界对于家庭农场高质量发展的影响因素进行了多方面的探讨。科技创新是推动家庭农场高质量发展的重要动力。谢启旺（2024）认为，科技创新不仅能够提升农业生产效率，还能有效改善农产品的质量。尤其是在现代信息技术、智能化设备和生物技术等领域的应用，有助于提升家庭农场的竞争力。李颖慧等（2024）认为，生产管理水平与社会化服务也是影响家庭农场高质量发展的关键因素。家庭农场的生产管理水平直接影响农业产品的质量和生产效益，社会化服务的参与程度则决定了农民的专业化水平与合作能力，这对于提升农业生产的整体水平至关重要。农业社会化服务尤其在中西部地区发挥了重要作用，在提升农民生产技术水平、优化资源配置等方面具有显著效果。财政金融支持和政策环境对家庭农场的可持续发展至关重要。

对于家庭农场高质量发展的测度，学者们提出了多种指标。衡量家庭农场高质量发展的维度包括科技应用水平、生产管理水平、农产品质量、经营绩效、社会化服务参与程度以及财政金融支持水平。每一个维度都涉及家庭农场运作中的关键环节，既包括生产技术、管理手段，也包括市场和金融支持（王丹等，2022；王耀娥等，2023）。

尽管目前已有较多关于家庭农场高质量发展的理论研究，但仍有一些问题值得进一步探索。本文基于收入水平和收入波动两个因素进行分析。

6.1.3　理论分析与研究假设

（1）"整村授信"政策对家庭农场高质量发展的影响

农业生产实际上是一个投入与产出的过程。在控制技术效应和其他因素不变的情况下，即在相同生产效率下，遵循的普遍规律是：多投入，多产出。土地、劳动力、设备、资本等生产要素的投入，归根结底依赖于农户可用的资金。根据 Solow 增长模型，资本积累是经济增长的关键因素。更多的资本投入意味着更高的产出和经济增长，即更多资金意味着更多生产要素的投入，进而获得更多的产出。在经营生产过程中，尤其是家庭农场，农户面临天灾人祸的风险，无论是自然灾害还是家庭变故，都会需要额外的资金来维持正常的生产经营活动，以确保一年的收成。

"整村授信"政策为家庭农场的可持续发展提供了资金保障和政策支持。通过整村授信，家庭农场能够获得长期、稳定的信贷支持，而不仅仅是短期资金注入。这种资金保障为家庭农场的扩张、技术升级和产业链延伸等提供了有力支持，推动其实现高质量发展。从宏观层面来看，"整村授信"作为普惠金融工具，政策实施后有助于补充和完善农村金融市场，进而提升经营主体的绩效（Klapper，2006）。从微观层面来看，在"整村授信"政策的支持下，农户融资约束得到缓解，能够更容易获得资金来维持或扩大生产经营活动。同时，在遇到紧急情况时，依托已建立的信用体系，无论是直接借款还是寻找亲友担保，都更加便捷和成功，以此度过艰难时期。因此，"整村授信"政策的实施有助于提高家庭农场的收入水平和收入稳定性，促进其高质量发展。

综上所述，本文提出研究假说 H1。

H1："整村授信"政策的实施能够促进家庭农场高质量发展。

（2）"整村授信"对家庭农场高质量发展的作用机制

进一步讲，"整村授信"政策如何提高家庭农场的收入水平和收入稳定性，从而促进高质量发展呢？

首先，"整村授信"政策通过降低交易成本，直接提高家庭农场的收入水平。"整村授信"政策通过批量授信和简化贷款流程，显著降低了农户与银行之间的交易成本。它通过减少单户信息获取和处理的时间，优化了银行的信贷服务效率。同时，"整村授信"还通过信用体系建设，减少了信息不对称，降低了因信用评估而产生的额外成本。此外，该政策通过降低农户获得贷款的门槛，减少了他们转向非正规金融市场的交易成本，从而整体上促进了金融服务的普及和效率，为乡村振兴提供了有力的金融支持。

其次，"整村授信"政策通过缓解信贷约束，促进经营资金的获取，从而提高家庭农场的收入水平和收入稳定性。该政策的核心在于为家庭农场提供便捷的贷款渠道，减少因缺乏抵押物而面临的融资限制。通过评估整个村庄的信用状况，政策为符合条件的农户提供贷款支持，从而降低了金融机构的信贷风险，同时减轻了农户因信息不对称而面临的融资压力，缓解了融资约束，促进了经营资金的获取（邹建国，2023）。因此，农户在农业生产活动中可以拥有更多的投入要素，并具备更加坚实的风险抵御基础以应对各式各样的风险。此外，整村授信政策还有助于政府精准实施补贴政策，根据农户的信用状况和经营需求合理分配财政补贴，提高资金使用效率。

随着资金的不断增加，家庭农场迎来高质量发展机遇。在获得更多可用资金后，家庭农场得以扩大生产规模，实现规模经济，降低单位生产成本；投资新技术和设备，提高生产效率和产品质量；抓住市场机会，增加销售收入；优化人力资源配置，提高劳动生产率；加强财务管理和成本控制，降低财务成本；优化供应链，减少中间环节，降低成本；投资市场营销和品牌建设，提高产品市场竞争力；并进行研发投入，开发新产品或改进生产流程（郭熙保和冯玲玲，2015）。这些因素共同作用，使得家庭农场在资金充裕的情况下，能够更加高效地运营，提升生产效率和市场竞争力，最终提高收入水平，推动高质量发展。

综上所述，本文提出研究假说 H2、H3。

H2：整村授信可以降低交易成本来提高家庭农场高质量发展水平。

H3：整村授信可以缓解融资约束来提高家庭农场高质量发展水平。

6.1.4　研究设计

（1）变量说明

① 被解释变量：收入水平和收入稳定性。为了衡量家庭农场高质量发展水平，本文选取收入水平和收入稳定性作为主要指标，在一定程度上可以反映发展水平。其中，参考朱雅雯（2023）和周月书（2024）的设计，收入水平采取对数化的 2021 年家庭农场农业的亩均收入；收入稳定性采取遭遇自然灾害后实际收入和预期收入的差额与预期收入的比值，具有一定的理论意义。

② 核心解释变量：整村授信。本文以江苏省 6 个地级市下近百个村庄，共 487 家家庭农场为样本，考察其是否完成"整村授信"的推广和实施，是，计为 1，反之，计为 0。

③ 控制变量。本文选取的控制变量包括家庭农场农场主的个人信息：性别，年龄，身份，受教育程度，是否接受过非农职业培训；所经营的家庭农场的特征：劳动力情况，农场经营面积，经营年限，新技术引入情况，是否为示范农场以及与银行网点距离。

（2）模型构建

为研究基本研究假说，探讨整村授信对家庭农场高质量发展的影响，基准回归模型假定如下：

$$Y_i = \alpha_0 + \alpha_1 VCL + \alpha_2 Farm_i + \mu_i + \varepsilon_i \qquad (6-1)$$

式中：Y_i 为 i 家庭农场的核心解释变量，表示家庭农场的高质量发展水平，包括收入水平和收入稳定性；VCL 为核心解释变量，衡量家庭农场"整村授信"政策推行情况；$Farm_i$ 为农场层面的控制变量；μ_i 为回归分析中控制的县级固定效应，以消除地区不可观测的特征差异对家庭农场高质量发展的干扰；ε_i 为服从正态分布的随机扰动项；α_0 为常数项系数；α_1 为"整村授信"政策对家庭农场收入水平和收入稳定性的影响系数；α_2 为控制变量系数。

为验证作用机制假说，本文参考江艇（2022）的做法，构建如下机制模型：

$$Mechanism_i = \theta_0 + \theta_1 VCL + \theta_2 Farm_i + \mu_i + \varepsilon_i \qquad (6-2)$$

式中：$Mechanism_i$ 为 i 家庭农场的机制变量；θ_0 为常数项系数；θ_1 为"整村授信"政策对不同机制变量的影响系数；θ_2 为控制变量系数；其余变量和符号的含义与（6-1）一致。

（3）描述性分析

① 家庭农场"整村授信"政策推广情况。本文对样本家庭农场"整村授信"推广情况进行了统计分析。截至 2021 年数据调研结束，在江苏省徐州、宿迁、南通、泰州、无锡、镇江 6 个地级市，487 个样本中，完成"整村授

信"的家庭农场共 320 个,覆盖率达到 65.7%。其中,苏南的无锡、镇江基本实现全面覆盖,苏北的徐州铜山和南通的海门推广进度落后。由此可见,"整村授信"政策在不同区域推广力度不同,还具有比较大的发展提升空间。

本文对样本家庭农场收入水平、收入稳定性和家庭农场高质量发展水平进行了比较分析。表 6-1 展示了"整村授信"政策推行下家庭农场收入水平和收入稳定性的均值差异。将样本按照是否推广"整村授信"分组后发现,两组家庭农场收入水平和收入稳定性存在显著差异,推广实施了"整村授信"组的家庭农场收入水平和收入稳定性更高,其家庭农场高质量发展水平也更高。

表 6-1 "整村授信"政策推广情况

变量名称	推行"整村授信"政策 (320 家)		未推行"整村授信"政策 (167 家)	
	均值	标准差	均值	标准差
收入水平	4.556 503	6.264 419	0.026 354 1	8.006 441
收入稳定性	−0.065 698 4	0.259 296 1	−0.148 228 1	0.254 250 6

②主要变量描述性分析。如表 6-2 所示,四成家庭农场是示范农场,家庭农场收入水平即亩均收入均值 3.003,标准差 7.231,表明样本家庭农场收入水平差异较大,收入稳定性即实际收入和预期收入的差额与预期收入比值的均值−0.094,标准差 0.26,表明样本家庭农场风险抵御水平也有较大差距。在农场主特征方面,农场主以男性为主,平均年龄 48 岁,受教育程度约在 10年,党员干部占比少,只有 26.9%。一半以上的农场主接受过非农职业教育或培训,技术革新理念较强,78.9%的家庭农场引进过新品种、新技术或新设备。

表 6-2 主要变量描述性分析

变量名称	变量定义	均值	标准差	最小值	最大值
整村授信	家庭农场是否完成整村授信(1=是;0=否)	0.657	0.475	0	1
收入稳定性	遭遇自然灾害后实际收入和预期收入的差额与预期收入的比值	−0.094	0.26	−2	0.5
收入水平	家庭农场农业经营收入减农业经营成本除以经营面积(元,取对数)	3.003	7.231	−11.588	12.33

（续）

变量名称	变量定义	均值	标准差	最小值	最大值
融资约束	家庭农场实际融资额度/期望融资额度	0.382	0.461	0	1
性别	农场主性别（1＝男；0＝女）	0.85	0.357	0	1
年龄	农场主年龄（岁）	48.232	9.783	25	75
党员干部	是否是党员或干部（1＝是；0＝否）	0.269	0.444	0	1
非农培训	农场主是否接受过非农职业教育或培训（1＝是；0＝否）	0.561	0.497	0	1
劳动力	家庭常住劳动力情况	2.998	1.152	1	7
经营面积	2021年家庭农场农业经营土地面积（亩）	267.261	350.546	0.7	4 100
经营年限	家庭农场成立至今年限（年）	5.637	4.185	0	38
技术引入	近几年是否引进过新品种、新技术或新设备（1＝是；0＝否）	0.789	0.409	0	1
示范农场	是否为示范农场（1＝是；0＝否）	0.419	0.494	0	1
受教育年限	农场主受教育年限（年）	10.752	2.996	0	16
银行网点距离	家庭农场主家离最近银行网点的距离（千米）	2.696	2.173	0	15

（4）数据来源

本文使用的数据来源于南京农业大学金融学院2021年7月开展的江苏省家庭农场发展调查。样本涵盖江苏省苏北（铜山、泗洪）、苏南（句容、江阴）、苏中（海门、兴化）各两个市区。选择该数据的主要考虑因素如下：第一，江苏省家庭农场发展历史悠久，体系完备，是检验家庭农场高质量发展的理想选择；第二，2019年江苏银保监局率先在乡镇开展银行业和保险业支持乡村振兴的试点工作，并推广"整村授信"政策，该政策在该地区实施时间长、覆盖广、影响大，适合本研究；第三，样本随机且具有代表性。样本覆盖苏北、苏南、苏中三个经济发展水平不同的区域，每个地区选择一个县域及其下属4～6个样本镇，每个样本镇随机选取约20家家庭农场。

6.1.5 实证结果分析

（1）基准回归分析

为探究"整村授信"政策对家庭农场高质量发展的影响，本文基于基准回归模型进行检验，回归结果见表6-3。在控制区域固定效应后，表6-3（2）

列和（4）列结果显示，"整村授信"政策的实施对家庭农场收入水平和收入稳定性的影响均在1%水平上显著，系数为正，表明"整村授信"政策的实施能够显著提升家庭农场的收入水平和收入稳定性。"整村授信"政策的实施，可以使收入水平提高6.881，收入稳定性提高了0.145。

表6-3　"整村授信"政策对家庭农场高质量发展的基准回归

变量	收入水平		收入稳定性	
	(1)	(2)	(3)	(4)
整村授信	4.530***	6.881***	0.083***	0.145***
	(0.711)	(1.040)	(0.024)	(0.039)
性别		0.701		0.001
		(0.794)		(0.031)
年龄		−0.033		0.000
		(0.030)		(0.001)
党员干部		−1.397**		0.054**
		(0.710)		(0.026)
非农培训		−0.055		0.016
		(0.588)		(0.024)
劳动力		0.285		−0.001
		(0.255)		(0.011)
经营面积		0.004***		0.000***
		(0.001)		(0.000)
经营年限		0.173**		0.005
		(0.087)		(0.003)
技术引入		1.223*		0.005
		(0.698)		(0.033)
示范农场		1.330**		0.008
		(0.582)		(0.023)
受教育年限		0.554***		0.007
		(0.110)		(0.005)
银行网点距离		0.223*		−0.006
		(0.118)		−0.005
常数项	0.026	−10.629***	−0.148***	−0.359***
	(0.619)	(2.245)	(0.02)	(0.081)
地区变量	√	√	√	√
N	487	487	487	487
R^2	0.089	0.302	0.023	0.108

注：***、**和*分别表示1%、5%和10%的显著性水平，括号中的数字为稳健标准误。

综上所述，"整村授信"政策的实施显著提升了家庭农场的收入水平和收入稳定性。这一结果反映，随着"整村授信"政策的不断推广和落实，家庭农场在享受政策红利的同时，在农场经营上能取得更高的收入，该政策的支持也进一步增强家庭农场收入稳定性，从而更稳固地向前发展。

（2）稳健性检验

本文对研究结果进行三个方面的稳健性检验：一是替换被解释变量，前文中我们已经描述用收入水平和收入稳定性来代表家庭农场高质量发展水平受到影响，为了细化这个理论基础，我们将收入水平和收入稳定性作为指标运用熵值法得到一个家庭农场高质量发展得分，以此更为准确地观测结论；二是考虑工商创业的影响，考虑到工商创业可以聚拢社会资本，刺激农村金融发展，使农户实现物质、人力、技能、网络等资源的整合（段海霞等，2021），资源聚集可能会提高家庭农场高质量发展水平，因此剔除有工商创业的样本；第三，家庭收入来源具有多样性，家庭农场成员可能拥有除家庭农场之外的其他工作，从而导致收入水平的上升，为排除这种可能，在基准回归中加入"整村授信"政策与其他收入占比的交互项进行检验。表6-4结果表明，经过一系列检验，"整村授信"政策的实施仍显著提高家庭农场收入水平和收入稳定性，本文研究结果稳健。

表6-4　不同农场类型回归分析

变量	替代被解释变量	剔除样本		排除替代解释	
	家庭农场高质量发展得分	收入水平	收入稳定性	收入水平	收入稳定性
整村授信	0.295***	7.523***	0.125***	9.169***	0.159***
	(0.042)	(1.153)	(0.045)	(1.15)	(0.047)
控制变量	√	√	√	√	√
区域固定效应	√	√	√	√	√
N	487	396	396	487	487
R^2	0.302	0.319	0.121	0.386	0.109

注：***、**和*分别表示1%、5%和10%的显著性水平，括号中的数字为稳健标准误。

（3）异质性检验

① 区域。尽管在同一省份，不同区域的资源禀赋和发展水平存在明显的异质性特点。因此，"整村授信"政策的实施对家庭农场高质量发展的影响也可能存在区域上的异质性，有必要对此进行深入讨论。按照江苏省人民政府的划分依据，我们依次把南通、泰州的数据分组在苏中，宿迁、徐州的数据分组在苏北，镇江、无锡的数据分组在苏南。在分类回归的检验之前，首先对不同地区的"整村授信"政策实施情况和收入水平以及收入稳定性进行描述性统计。

由表6-5可以发现，苏南地区在各个指标上的程度明显高于苏北和苏中。

而苏中的指标又明显高于苏北,所以区域经济发展水平也是重要的影响因素。

表6－5　不同区域收入水平、收入稳定性描述性统计

区域		样本量	均值	标准差	最小值	最大值
苏北	收入水平	165	−0.524	7.816	−11.504	11.906
	收入稳定性	165	−0.161	0.296	−2.000	0.470
苏中	收入水平	162	3.700	6.548	−11.588	11.579
	收入稳定性	162	−0.051	0.236	−1.000	0.500
苏南	收入水平	160	5.935	5.599	−9.812	12.330
	收入稳定性	160	−0.069	0.231	−0.800	0.500

表6－6　不同区域下回归分析

变量	苏北		苏中		苏南	
	收入水平	收入稳定性	收入水平	收入稳定性	收入水平	收入稳定性
整村授信	0.959	0.063	4.288***	0.070**	(已省略)	(已省略)
	(1.139)	(0.044)	(0.924)	(0.033)		
控制变量	√	√	√	√		
样本量	165	166	162	162		
R^2	0.282	0.123	0.294	0.114		

注：***、**和*分别表示1%、5%和10%的显著性水平,括号中的数字为稳健标准误。

表6－6进行了区域异质性的回归分析。结果显示,苏中地区"整村授信"政策对家庭农场高质量发展具有显著性作用,在苏北地区作用不显著,而苏南地区由于覆盖率过高而显示"已省略"。即考虑区域异质性,苏中地区实施"整村授信"政策对家庭农场高质量发展的积极效应更强。

②经营类型。不同组合的各类生产要素投入会产生不同的协调成本,因此"整村授信"政策的实施对不同类型家庭农场高质量发展水平的影响存在异质性。参考朱雅雯(2023)的做法,根据样本家庭农场的经营特点,把家庭农场分为种植型和种养结合型两类。由表6－7可知,"整村授信"政策的实施对种植型和种养结合型家庭农场经营高质量发展水平都有显著的正向影响,同时,对种植型家庭农场的边际效应更为强。原因可能在于,相比种植型家庭农场,开办种养结合型家庭农场前期需要较多的资金和技术投入,所以此类家庭农场初始就具有较高的管理水平和相对完善的经营体系,且种养结合型家庭农场投入产出效率在各类型家庭农场中都处于较高水平(钱忠好和李友艺,2020)。因此,"整村授信"政策的实施对提高种植型家庭农场资源投入水平的作用更大,对其高质量发展的影响显著。

表6-7 不同农场类型回归分析

变量	种植型		种养结合型	
	收入水平	收入稳定性	收入水平	收入稳定性
整村授信	8.024 ***	0.114 **	5.926 ***	0.227 ***
	(2.865)	(0.047)	(1.732)	(0.072)
控制变量	√	√	√	√
区域固定效应	√	√	√	√
N	334	334	153	153
R^2	0.287	0.137	0.435	0.215

注：***、**和*分别表示1%、5%和10%的显著性水平，括号中的数字为稳健标准误。

（4）作用机理分析

根据前文的理论分析，"整村授信"政策可以通过降低交易成本，缓解融资约束来提高收入水平和收入稳定性，从而促进家庭农场高质量发展。为检验上述假说，本文进行如下机制检验。

第一，理论分析降低交易成本机制。"整村授信"政策通过集中批量授信和简化贷款流程，降低了银行和农户之间的交易成本，包括搜寻成本、信息成本、议价成本等。这一政策减少了农户获取贷款的时间和努力，优化了银行的信贷服务效率，并通过建立农村信用体系减少了信息不对称，降低了信用评估的额外成本。此外，政策还降低了农户因缺乏正规金融服务而转向非正规金融市场的高成本借贷。这些降低的交易成本使得农户更容易获得贷款，增加了农业生产的资金投入，提高了生产效率和产出，同时也增强了农户的风险管理能力，提高了收入稳定性，促进了家庭农场的高质量发展。

第二，缓解融资约束机制检验。本文以家庭农场实际融资额度/期望融资额度作为家庭农场资金获取的重要依据，选取融资约束作为经营资金的代理变量。表6-8的回归结果显示，"整村授信"的实施可以显著缓解家庭农场的信贷约束，提升其生产经营中资金获取的能力，从而验证了融资约束缓解机制的有效性。

至此，本文的机制假说得到验证。

表6-8 机制检验回归结果

变量	融资约束
整村授信	0.082 *
	(0.042)
控制变量	√
观测值	487

注：***、**和*分别表示1%、5%和10%的显著性水平，括号中的数字为稳健标准误。

6.1.6　结论与政策建议

本文基于 2021 年江苏省家庭农场微观调查数据，研究了"整村授信"政策对家庭农场高质量发展的影响。研究发现：第一，"整村授信"政策通过促进家庭农场经营资金的获取以及提高紧急情况下的借款能力，从而提升收入水平和收入稳定性，进而推动家庭农场的高质量发展。第二，该政策对种植型家庭农场的高质量发展影响较大，尤其是在经济发展水平较高、基础设施较为完备的家庭农场中，政策对其经营绩效的影响更为显著。

基于对"整村授信"政策影响的深入研究，提出以下建议：首先，加强农户的金融知识教育，提高其金融素养，以便更好地利用信贷资源；其次，设计更符合家庭农场需求的信贷产品，降低贷款门槛，提供更便捷的金融服务。同时，考虑到地区差异，制定差异化的授信政策，确保政策的精准性和有效性。此外，建立和完善农业保险体系，增强家庭农场的风险管理能力，并鼓励技术创新和基础设施建设，为家庭农场提供良好的外部发展条件。同时，应建立农户信用评价体系，降低金融机构的信贷风险，并定期对政策效果进行监督和评估，及时作出调整。最后，促进区域协调发展，鼓励家庭农场开展多元化经营，增加收入来源，提高抗风险能力。这些综合措施将有助于进一步发挥"整村授信"政策在推动家庭农场高质量发展和实现农业现代化中的关键作用。

6.2　区块链赋能订单农业融资对新型农业经营主体韧性的影响

6.2.1　引言

当前，我国政府高度重视农业现代化和农村产业革命，提出了一系列支持新型农业经营主体发展的政策措施（张余慧，2023；孙鸽平，2022；赵春江，2021）。同时，随着科技的迅猛发展，新型农业经营主体在农业领域崭露头角，为农业生产注入了新的活力（李梦琪，2024）。而区块链作为一种新兴的技术，具有去中心化、不可篡改、透明可追溯等特点，为新型农业经营主体赋能，提供了巨大的机遇和潜力（陈吉，2024；赵浩健，2023）。韧性作为新型农业经营主体的核心竞争力，能够使其在市场变动中保持弹性和适应性，而区块链技术的引入将进一步提升新型农业经营主体的韧性，推动农业发展进入一个全新的阶段（于丽艳，2023；李国英，2022）。

从政府视角来看，相关措施有以下几点体现。首先，政府鼓励农民合作社的发展。政府通过提供资金支持、土地流转、技术培训等方式，鼓励农民组建合作社，推动农业产业化和规模化经营（李琳，2022；彭红军，2020）。其次，政府支持农业企业的发展。政府通过减税降费、贷款贴息、科技支持等政策，鼓励农业企业加大投入，推动农业现代化和农村产业革命（冯颖，2022）。此外，政府还支持农业互联网平台的建设和运营。政府通过加强网络基础设施建设、推动信息化和电子商务发展等措施，推动农业互联网平台的创新和应用（丁克，2020）。

新型农业经营主体的核心竞争力之一是韧性。韧性是指组织在面对外部环境的变化时，能够保持弹性和适应性，迅速调整战略和资源配置，以适应市场的需求。农业生产受天气、市场、政策等多种因素的影响，变化无常，因此新型农业经营主体需要具备韧性来应对不确定性和风险。而区块链技术的引入将进一步提升新型农业经营主体的韧性（于丽艳，2023；田雅群，2022）。

首先，区块链技术可以提高农产品的溯源能力。通过将农产品的生产、流通、销售等环节上链，可以实现农产品的全程可追溯。消费者可以通过扫描产品上的二维码，了解产品的生产地、生产过程、质量检测等信息，确保产品的安全和质量（王俊斌，2024）。同时，一旦出现质量问题或食品安全事件，可以迅速定位问题所在，采取相应的措施，减少损失和影响（赵雨舟，2022）。

其次，区块链技术可以改善农产品的供应链管理（唐欣，2023；Mukherjee A，2022；苗家铭，2021）。农产品的供应链涉及生产、加工、运输、仓储、销售等多个环节，涉及多个参与方。区块链技术可以实现供应链上的信息共享和数据交换，保证各个环节之间的协同和透明，提高整个供应链的效率和可控性（戴昕，2020）。同时，区块链技术还可以通过智能合约等功能，实现供应链金融、物流跟踪、库存管理等方面的优化，降低成本和风险（刘如意，2020）。

此外，区块链技术还可以促进农产品的品牌建设和市场推广（Dal Mas F，2023）。通过区块链技术，可以建立农产品的品牌溯源体系，将产品与产地、品牌、质量等方面的信息进行绑定，形成独特的产品标识。同时，区块链技术还可以实现产品的直接销售和精准营销，通过区块链上的智能合约和数字资产交易等功能，实现消费者和生产者之间的直接交互，减少中间环节和成本，提高产品的附加值和市场占有率（郭莹，2020）。

综上所述，区块链技术在新型农业经营主体中的应用具有重要意义。它可以提高农产品的溯源能力，改善供应链管理，促进品牌建设和市场推广，进而提升新型农业经营主体的韧性和竞争力（颜枫雅，2024；Srivastava A，2022；张益丰，2021）。

6.2.2　理论分析与研究假说

区块链技术在新型农业经营主体中的应用，为农户提供了全方位的支持和服务，不仅优化了融资渠道，提升了农产品质量，还增强了农户的市场竞争力和经济韧性，为农业现代化发展注入了新的活力（Mukherjee A，2022）。为研究该题目，我们以江苏徐州良梨村为调研地，主要从以下三个方向展开理论分析，结合实地调研经验，进行深度论述区块链赋能订单农业融资对新型农业经营主体韧性的影响机理。

（1）区块链技术引入新型农业经营主体对其融资信贷的影响

区块链技术简化了贷款申请和审批流程，降低了融资成本，使农户能够更便捷地获取到资金支持。提高了对农户的信用评估精度，减少了信息不对称和欺诈行为，降低了金融机构的信贷风险。其次，区块链技术的智能合约功能为贷款过程提供了自动化的执行和监督机制，确保了贷款合同的严格执行和交易的安全可信。以良梨村区块链技术蚂蚁链为例，蚂蚁链采用了共享经济模式，实现了农户与金融机构、投资者之间的直接连接和交易。农户可以通过蚂蚁链平台直接向投资者借款，无须经过传统银行等中间机构，降低了贷款成本和利率，提高了贷款的可获得性。

（2）区块链技术对新型农业经营主体韧性的影响作用

第一，提高供应链透明度和效率。区块链技术可以实现订单农业供应链的透明化和追溯性，降低了信息不对称和风险，提高了交易的可靠性和效率。通过区块链技术记录订单农产品的交易信息，农户可以更好地管理供应链，预测和防范市场风险，增强了对不确定性的抵御能力。促进了订单农业模式的发展，提升了新型农业经营主体的韧性。第二，增强农户抗风险能力。区块链技术可以帮助农户预测和防范市场风险，保障农产品质量和安全，提高了农户的抗风险能力。第三，拓展销售渠道和增加收入。区块链技术可以拓展农产品的销售渠道，提高农产品的市场竞争力，增加了农户的收入来源，提高了经济韧性。

（3）区块链对订单农业融资的作用机理

区块链技术赋能新型农业经营主体生产工作。在良梨村中，通过建档立卡和干部协助的方式对农户进行信息采集，可以收集到农户的基本信息、种植情况、土地利用等数据。利用蚂蚁链的规范管理技术，这些数据可以被整合到区块链上，实现信息的共享和管理，为农户提供气象服务、资源共享以及病虫害防治等服务。

区块链技术赋能新型农业经营主体融资借贷。利用蚂蚁链的规范管理技术，有效地利用农户的个人信息，能够帮助他们更加方便地在金融机构获得借款。蚂蚁链可以利用农户的基本信息、种植情况、收入情况等数据，在区块链上建立农户的信用档案。通过分析农户的交易记录、还款情况等信息，评估其信用状况。由于信息的准确性和透明度，金融机构可以更加信任农户的贷款申请，提高审批通过率。一旦贷款申请通过，金融机构可以通过蚂蚁链平台直接将贷款金额转账到农户的银行账户中。这样的方式更加安全、高效，避免了传统贷款方式中可能存在的资金挪用或审改风险。

区块链技术赋能订单农业销售渠道。蚂蚁链通过利用买家和卖家的双向信息，实现了精准匹配和推荐，提高了订单农业的签订率和交易效率。同时，蚂蚁链为买家和卖家提供了信息交流和协作的平台，拓宽销售渠道，促进更多订单农业的签订，促进了双方之间的合作和共赢（朱雷，2019）。

区块链与政府合作赋能新型农业经营主体融资。县商务局和区块链公司相互联系，能够担保产品是优质的，让其看到农户潜力，使得农户的融资更加方便。在良梨村的实地走访中，我们得知针对新型农业经营主体贫困户，只需年龄符合要求就能贷款，政府担保简化了贷款流程，降低了贷款门槛。

6.2.3　研究方法

（1）研究区域与数据来源

安徽省宿州市砀山县拥有"世界梨都"的美誉，每年盛产酥梨约 15 亿千克。我国"区块链第一村"良梨村位于砀山县良梨镇东部，该区域因土壤富含养分且气候条件适宜，故盛产口感醇厚、肉质饱满的酥梨。为进一步强化砀山酥梨品牌权益保护，缓解农户融资难的问题，并提升良梨村酥梨及其衍生物的市场销售额度，2020 年 9 月，砀山县政府携手中国农业银行安徽省分行以及阿里巴巴集团旗下的蚂蚁链技术平台，共同签署合作协议，使良梨村成为了我国首例应用区块链技术赋能的"区块链村"。同时，良梨村大力发展订单式农业，农业产业化联合模式较为普遍，利用订单式农业进行融资日益成为农业供应链的重要内容。

综上，该地区符合如下要求：已形成较为完整的"蚂蚁链"模式生产-销售链条；蚂蚁链上线时间保持一致，确保调查数据的可比性；能够反映自然条件和社会经济发展水平的差异。因此我们选取良梨村作为实验组的调查区域。同时，我们选取了同时间段江苏省徐州市的数据作为对照组。徐州市作为华北地区重要的城市，立足淮海"大粮仓"，致力于延长农业产业链，在全国农业发展和金融支农的总体态势中具有较强的代表性。徐州市距离安徽省宿州市仅70 千米左右，气候环境极为相似，其生产模式及社会环境与实验组均有共同点，未实施区块链政策，但积极发展订单农业，全市广泛推进"公司＋基地＋农户"农业产业化联合模式，因此选取徐州市作为控制组的调查区域。

本研究的调查时间为 2023 年 7 月与 10 月。采取随机抽样调查方法在实验组区域与控制组区域内随机选择调查样本。由于砀山县政府、中国农业银行安徽省分行和阿里巴巴的蚂蚁链于 2020 年 9 月签订协议，因此选取 2020 年数据及 2022 年数据分别反映施行区块链政策前后的情况。最终获得实验组样本 226 份，对照组样本 168 份。

（2）新型农业经营主体韧性评价指标体系构建及测度

本研究综合现有学者对韧性问题的分析，从抵抗力（经营规模及盈利能力）、恢复力（外界支持）、脆弱性（外部环境影响）、发展力（创新发展能力）四个方面构建新型农业经营主体韧性评价指标体系。各层面指标选取具体见表 6-9。

表 6-9　新型农业经营主体韧性评估指标

一级指标	二级指标	定义说明	权重（%）
抵抗力（经营规模及盈利能力）	员工人数	连续型变量，农业生产经营的员工人数	7.055
	总资产	模型中对数化处理，生产性器具、房屋等资产价值	10.317
	经营面积	连续型变量，承包土地面积	16.502
	经营类型	规模户=5，合作生产社=4，种植基地=3，家庭农场=2，家庭承包=1	7.991
	经营利润	模型中对数化处理，本年度的经营净利润	0.202
恢复力（外界支持）	政府支持	政府提供的生产经营补贴	7.487
	社会扶持	紧急情况下您觉得您可以从家人或朋友那里得到多少的经济援助	23.5
	社会资本	新型农业经营主体信用评级	0.514
	可贷金融机构（家）	连续型变量	2.824
脆弱性（外部环境影响）	最近金融机构（千米）	模型中对数化处理	0.144
	自然灾害	近五年内因病虫害、极端天气所遭遇的损失	0.156
发展力（创新发展能力）	技术应用	采用新技术覆盖面积（百分比）	12.953
	技能培训	受过技能培训种数（农业技术培训、电商指导）	8.917
	负责人文化程度	本科以上=5，大专或职高=4，高中=3，初中=2，小学及以下=1	1.436

我们决定使用 IEW－TOPSIS 模型来计算韧性。采用熵法对指标进行了授权，并采用理想的解相似度排序偏好技术（TOPSIS）来反映评价方案之间的差距。熵授权方法突出了局部差异，避免了人为的影响因素。TOPSIS 可以充分利用原始数据的信息，反映出评价方案之间的差距。本研究采用 IEW－TOP-SIS 组合方法，保证评价结果的客观性，获得更合理的结果。首先利用熵值法求出 TOPSIS 方法中每个指标的权重，在此本研究不再对具体模型作过多阐述。

（3）变量选取

如表 6－9 所示，我们在参考前人文献后，从抵抗力（经营规模及盈利能力）、恢复力（外界支持）、脆弱性（外部环境影响）和发展力（创新发展能力）四个方面共选取 14 个二级指标，作为新型农业经营主体韧性的评估指标，并利用熵值法计算其权重。

（4）模型构建

在本研究中，我们采用双重差分法（DID）来度量区块链赋能订单农业融资这一政策行为对新型农业经营主体韧性的影响效果。本研究将良梨村利用蚂蚁链帮助订单农业的融资作为公共政策试验，良梨村数据作为实验组，江苏省徐州市未实施政策区域数据作为对照组，运用 DID 分析实验组与对照组在实施区块链政策后新型农业经营主体韧性的差异，揭示其对新型农业经营主体韧性的影响效果，具体模型如下：

$$Z_{it} = \gamma_0 + \gamma_1 T_i P_i + \gamma_2 X_{it} + \alpha_i + \beta_i + \mu_{it}$$

式中，i 表示第 i 个新型农业经营主体；t 表示第 t 年；Z_{it} 表示被解释变量，即前文所求的新型农业经营主体抵抗力、恢复力、脆弱性、发展力及总体韧性；$T_i P_i$ 为虚拟变量，其中 T_i 表示是否实施区块链政策的组别虚拟变量，P_t 表示实施时点的时间虚拟变量；X_{it} 为影响 Z_{it} 的控制变量；γ_0 为常数项；γ_1 为重点关注系数，表示政策影响的净效应；γ_2 为控制变量系数；α_i 为个体固定效应；β_t 为时间固定效应；μ_{it} 为随机误差项。

首先对区块链赋能订单农业融资政策实施前后新型农业经营主体韧性及其四个组成部分变量的组内和组间均值差异进行分析，相较于政策实施前，新型农业经营主体总韧性、抵抗力、恢复力、脆弱性、发展力的净效应分别为 0.040、0.011、0.022、0、0.109，说明了政策实施后实验组的新型农业经营主体总韧性、抵抗力、恢复力、发展力均有所提高，而脆弱性则无明显变化。这反映了该政策在抵抗力、恢复力、发展力上提高了新型农业经营主体的韧性，而对农户脆弱性的影响并不明显。

6.2.4　结果与分析

（1）区块链赋能订单农业融资对新型农业经营主体韧性的影响效应

在对新型农业经营主体的韧性及四个韧性的组成部分进行回归分析后，得到如表 6-10 所示的基准回归结果，结果显示，在加入控制变量后，总韧性和抵抗力的政策交乘项在 1％ 的显著性水平显著，发展力的政策交乘项在 5％ 的显著性水平显著，这表明区块链赋能订单农业融资政策对新型农业经营主体的抵抗力和发展力水平上有显著的提高作用，最终显著提高新型农业经营主体的韧性，帮助其更加健康、快速地发展与进步。同时，恢复力的政策交乘项系数大于 0，而脆弱性的政策交乘项系则小于 0，说明该政策在一定程度上能够提高新型农业经营主体的恢复力并降低其脆弱性。

表 6-10　基准回归结果

变量	抵抗力	恢复力	脆弱性	发展力	总韧性
交互项（TP）	0.010 6 *	0.020 0	−0.000 2	0.099 5 **	0.036 1 *
	(0.020 7)	(0.018 6)	(0.015 6)	(0.036 8)	(0.015 7)
负责人年龄（AGE）	−0.064 9 **	0.035 0	−0.015 2	0.113 9 **	0.019 4
	(0.025 1)	(0.022 5)	(0.018 9)	(0.044 6)	(0.019 0)
负责人健康程度（HEA）	0.021 2	0.021 5	0.001 5	0.038 4	0.031 5 *
	(0.018 1)	(0.016 2)	(0.013 6)	(0.032 1)	(0.013 7)
负责人是否为党员（COM）	0.040 3 *	0.004 1	0.010 0	0.169 5 ***	0.054 6 ***
	(0.019 1)	(0.017 1)	(0.014 3)	(0.033 8)	(0.014 5)
负责人是否担任过村干部或金融工作者（CAD）	−0.029 4	−0.028 4	0.028 2	−0.158 8 ***	−0.057 0 ***
	(0.020 0)	(0.017 9)	(0.015 1)	(0.035 6)	(0.015 2)
常数项	0.319 2 **	0.048 6	0.967 6 ***	−0.246 4	0.063 3
	(0.131 7)	(0.118 1)	(0.099 2)	(0.234 0)	(0.100 0)
样本量	394	394	394	394	394
P 值	0.028 8	0.000 0	0.002 1	0.000 0	0.000 0

注：***、** 和 * 分别表示 1％、5％ 和 10％ 的显著性水平，括号中的数字为稳健标准误。

（2）稳健性检验

为了验证基准回归结果的稳健性（以总韧性模型为例），本研究通过安慰剂检验、缩尾处理进行稳健性检验，结果如下：

① 安慰剂检验。本研究仅仅选取了部分特征作为实验的控制变量，很有可能存在遗漏变量的问题而导致虚假回归，因此为了使我们的结果更具有说服力，从样本中抽取 123 个新型农业经营主体作为实验组，其余为控制组，构造随机生成的虚假政策实验组与控制组并重新进行回归，重复进行 500 次。结果显示回归系数集中分布在 0 附近，说明随机抽样后的样本组合对新型农业经营主体的韧性并未产生显著影响，模型设定上无严重遗漏变量问题，核心结论依

旧稳健。

② 缩尾处理。为了避免极端值影响，本研究采用对称性缩尾，即同时处理分布两端的极端值，选择去除位于数据分布最底部的一定比例（如前 5%）和顶部的同样比例（如后 5%）的数据点，然后将这两个端点处剩下的数据分别替换为上下限的临界值（即第 5% 和第 95% 分位数）。这样做可以保留数据的整体形态，同时避免极端值的过大影响。数据处理结束后，重新对新样本进行回归分析，结果为政策的影响系数等于 0.031 4，在 5% 的统计水平上显著，这与前文结果相似，表明未发生明显变化，即前文结果依然成立。

6.2.5 政策建议

基于研究结论，本文提出以下政策建议：

（1）坚持预防与处理并举

应充分考虑新型农业经营农户恢复性、脆弱性与外部环境的紧密关系，坚持"预防"与"处理"并举，增强新型农业经营主体应对外部环境影响的韧性，降低其面临的脆弱性。建议政府推动区块链技术在自然灾害监测和风险防范领域的应用，利用区块链建立自然灾害数据的可信存储和共享机制，实现对自然灾害信息的实时记录和传输，这将提高农户对自然灾害的感知和评估能力，减少信息不对称带来的脆弱性。此外，基于区块链的智能合约技术也可以用于自然灾害保险领域，提供更快速、公正的理赔服务，减轻农户在灾害面前的脆弱性并提高农户遭受自然灾难之后的恢复力。

（2）帮助新型农业经营主体融资

应结合经济条件和地理区位特征，因地制宜符合地方实际、准确有效地扩大经营规模及提高盈利能力，进而提高新型农业经营主体的抵抗力。政府可以通过简化融资流程，降低交易成本，使得新型农业经营主体更容易获取融资支持，这将帮助他们扩大经营规模，同时促进新型农业经营主体与金融机构之间的合作与沟通，增强彼此之间的信任感，从而有利于获得更多贷款、投资等支持，有利于扩大员工人数和经营面积，增加总资产规模，进而提升盈利能力。通过区块链实现订单农业融资，为新型农业经营主体提供更多灵活的融资选择，使融资过程更为透明、高效，这种数据的真实性和透明度有助于吸引投资者和金融机构的信任，为他们提供更多融资机会，提升他们的经营效率，从而增加当年净利润。

7

CHAPTER 7

金融支持新型农业经营主体发展典型案例及其启示

7.1 信贷直通车为新型农业经营主体发展注入新动力

7.1.1 信贷直通车开展背景

2021 年 5 月 15 日，为深入开展"我为群众办实事"实践活动，农业农村部启动了新型农业经营主体信贷直通车活动，运用新农直报系统，直接收集受理全国新型农业经营主体金融服务需求，经过审核筛选，由全国农业信贷担保体系提供担保服务，对接银行发放贷款，为以家庭农场、农民合作社为代表的新型农业经营主体提供更为便捷有效的金融服务。在总结经验的基础上，2022 年 2 月 28 日农业农村部将信贷直通车这一创新服务由阶段性活动转为常态化推进，从而为全面推进乡村振兴、加快农业农村现代化提供有效的金融支撑。

7.1.2 信贷直通车功能定位、内在逻辑和创新要素

（1）信贷直通车的功能定位

一直以来，"融资难、融资贵、融资慢"始终是制约"三农"发展的关键因素。特别是随着乡村振兴和农业现代化进程的推进，中国农业生产经营模式、生产组织形式发生了深刻改变，农村资金需求规模、结构和形式也随之变化，对农村金融服务体系提出了新要求新挑战。这表现为：一方面，农业产业规模化、集约化、专业化加速发展，农业生产专业化、农产品商品化、农业服务社会化特征加剧，农业供应链上下游纵向协作程度不断提高，农村一二三产业融合发展进一步推进，运输业、零售业、餐饮业、休闲农业、加工业等产业在农村地区发展繁荣，农村经济各领域的金融需求越来越多样化、多层次化，农村金融需求的边界大大拓展；另一方面，农业生产组织形式发生深刻变化，农业农村各产业领域出现新型农业经营主体和传统小农经营主体长期共存的局面，小农户的农业生产经营资金需求日益萎缩，而新型农业经营主体生产经营资金需求相对旺盛，并且主要集中在支付土地流转费和工资、购买农资、建设和购买生产经营设施、从事技术研发和推广等方面，资金需求明显规模更大、

期限更长。综上可知，在农业农村现代化过程中，以家庭农场、农民合作社为代表的农业经营主体越来越难以通过自身积累实现快速发展，面临的金融问题尤其突出，是最需要金融支持的对象。

探究中国农业经营主体融资困境的成因，主要包含以下三个方面：第一，农业经营主体信息不透明程度高，导致借贷双方信息不对称严重。农业经营主体财务管理不规范，缺乏可信的财务报表等信息，导致正规金融机构难以识别借款人的资质。金融机构与农业经营主体之间信息不对称进一步引发逆向选择和道德风险问题，为规避机会主义和降低违约风险，金融机构会减少对农业经营主体的信贷供给或索要更高的风险溢价，这些恶性循环会把质量较高的涉农主体排斥在正规金融市场之外。第二，农业经营主体缺乏可抵押担保资产，无法有效地向银行展现自己的信用类型。由于农业经营主体拥有的固定资产大多无权利证书，无法作为办理贷款的抵押物，难以纳入商业银行合格抵押品范围，导致银行在现有风控技术下很难向农业经营主体提供资金支持。第三，农业经营主体资金需求具有"短、小、急、频"的特点，导致银行发放涉农贷款交易成本居高不下。交易成本主要来源于银行发放贷款中的固定支出，由于农业经营主体贷款额较小，但是金融机构的受理、获取信息、审查、监控成本却没有同比例下降，导致金融机构发放农业经营主体贷款的利润率很低甚至亏损。此外，农业经营主体所在地往往比较偏远，银行在贷前尽调、贷中审查及贷后管理过程中均面临较高的交通和时间成本，进一步增加了信贷交易中产生的成本。

针对农业经营主体长期存在的"融资难、融资贵、融资慢"等问题，信贷直通车通过引导多方合作、汇聚各方合力，创新了金融支农机制，其功能定位包含以下几个方面：

① 优化服务、降低利率——从"主动找银行"到"银行主动找"。农村地区金融机构网点密度低，借贷双方信息获取渠道不通畅，有资金需求的农业经营主体缺乏有效的渠道申请贷款，金融机构获取有资金需求目标客户的渠道也较少。信息获取渠道不通畅也推升了金融机构的获客成本与服务成本，导致涉农贷款利率较高。信贷直通车运用新农直报系统，能够精准获取真正有贷款需求的农业经营主体的信息，在第一时间掌握其需求，提高金融机构与农业经营主体之间的对接效率，从"主动找银行"到"银行主动找"。这一方面疏通了农业经营主体信贷需求的反馈渠道，为资金供需双方架起了沟通的"桥梁"；另一方面也极大降低了金融机构的获客与服务成本，同时金融机构不再需要过度依赖运维成本高昂的物理网点进行获客与服务。

② 汇集数据、创新风控——从"抵押物困境"到"信用担保"。由于涉农数据缺失、信息共享困难等原因，农村信用体系建设滞后，缺乏真实可靠的涉农信用信息数据，金融机构难以对客户进行信用评级。与此同时，传统农村金

融模式中银行主要依靠易于变现的抵质押品进行风险管理，但农业经营主体缺乏符合要求的抵质押品，难以满足银行的风险管理要求，增大了农村金融服务风险管理的难度。信贷直通车强化了政、银、担等多方数据的互联互通，连接了农业农村部家庭农场名录系统、农村土地承包经营权确权登记颁证数据系统、市场监管总局红盾系统、中银保信公司农业保险数据等多套数据系统，通过汇集信用评级中高度关注的涉农政务数据，对农业经营主体身份真实性、用途合规性以及资金额度与生产规模适配性进行自动校验。在此基础上，信贷直通车通过大数据赋能，帮助金融机构开展对农业经营主体的多维度"画像"，并以此进行信用评级、贷款监督预警，进而创新信贷风险管控手段，从"抵押物困境"到"信用担保"。

③ 简化手续、提升效率——从"线下多跑路"到"扫码贷款来"。传统上，由于农业生产周期性较长、农业生产存在较大不确定性、极端气候和市场价格波动对农业利润影响大等原因，金融机构发放农业经营主体贷款时会设置较高的准入门槛、复杂的贷款手续，导致农业经营主体融资速度慢、效率低。特别是由于金融机构物理网点运维成本较高，现阶段金融资源尚不能完全覆盖和延伸到村镇级的农村地区，农村地区特别是偏远山区的农业经营主体获取优质金融服务的便利性有待提升。信贷直通车则诞生于信息技术和数字技术蓬勃发展的背景下，借助于大数据、云计算、区块链技术等技术，实现了线上信贷。广大农民和经营主体足不出户，仅需扫一扫二维码即可将信贷需求直接上报到金融机构，简化了办事程序和信息传递流程，从"线下多跑路"到"扫码贷款来"，极大提高了农业经营主体申请贷款的效率，提高了农业经营主体贷款的可得性、便捷性和普惠性。

（2）信贷直通车的运行机制

信贷直通车活动通过对传统信贷流程的数字化优化，整合多方数据，充分发挥农村数据资源作用，打造了标准化农村数字信贷模式，大大提高申请便捷性，充分挖掘需求主体，汇聚各方合力，创新了金融支农机制。以江苏省信贷直通车为例，其具体运行机制如图7-1：

① 省农担公司主导开展信贷直通车活动；

② 存在信贷需求的农业经营主体扫描二维码，填写贷款相关信息，参与信贷直通车活动，进行贷款申请；

③ 信贷直通车平台对贷款需求信息进行自动核验；

④省农担公司进行审查核保，对部分需要二次确认的信贷需求主体开展尽调；

⑤合作金融机构根据相关信息进行审核授信；

⑥省农担公司为信贷直通车贷款提供担保，签订担保合同；

⑦合作金融机构进行客户挖掘，将符合条件的客户推荐参与信贷直通车活动，报送相关资料；

⑧省农担公司与合作金融机构按照约定比例承担违约补偿风险；

⑨信贷直通车充分发挥数据作用，整合保险公司与政府信息数据库，对信贷需求主体进行资质校验，在信贷直通车业务开展过程中不断完善主体数据库，实现农村经营主体数据共享与交互，挖掘需求客户，降低信息成本，优化申请流程。

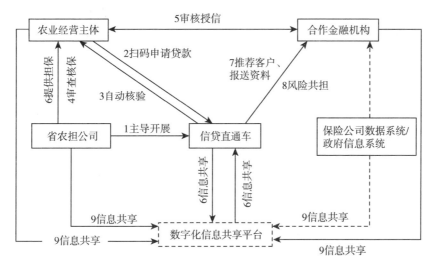

图 7-1　江苏省信贷直通车运行机制

（3）信贷直通车的内在逻辑

平台兴起被认为是"数字革命"的三大标志性事件之一。信贷直通车以数据为关键生产要素、以新一代信息技术为核心驱动力，为农业经营主体资金融通活动搭建了平台。而作为促进涉农资金融通的互联网平台，信贷直通车具有规模经济、高效连接、网络效应、锁定效应的内在逻辑。

① 规模经济。信贷直通车的经营不受地域、时间、空间和自然资源等条件限制，存在巨大的规模经济效应。一方面，信贷直通车可以利用技术规模效应解决或缓解涉农信贷服务的高成本约束；另一方面，信贷直通车通过网络效应使平台运营和服务的成本变化远远低于所服务客户数量的变化，以达到极端规模经济下的边际临界值，使其成本增长无限趋于零。信贷直通车依托互联网平台的开放性特征，通过资源协同共享可以实现范围经济效应，这种模式不仅有助于拓宽涉农金融产品和服务种类，还能推动市场规模持续增长。

② 高效连接。互联网平台以信息流为纽带能够将不同市场有效地连接在一起，集聚形成新的业务流程、产业融合及资源配置模式，并表现出实时高效

的特征。基于这一特征，信贷直通车能够高效地匹配资金供需双方需求，同时提供标准化接口，通过先进的数据管理实现信息即时传达，体现了极高的效率。与此同时，金融机构和农业经营主体之间的直接互动进一步促使信贷直通车平台提供多样化产品、迭代商业模式。这种高效率的特征也会强化金融机构与农业经营主体对平台的黏性，并提高效率、降低成本。

③ 网络效应。网络效应是指产品和服务对用户的好处随着用户数量的增加而增加，有学者将其视为"一种用户产生用户的情境"，这也是互联网平台极易快速扩张的一种合理解释。网络效应具有强大的外部性，对潜在竞争者是一个"阈值"约束。因此在平台经济模式下，新入者或者其他中小平台想要突破大型平台的规模或流量几乎不可能。信贷直通车的发展也具有网络效应特征，信贷直通车平台的功能作用随着用户（各类金融机构、农业经营主体等）数量规模的扩张而增长。

④锁定效应。锁定效应和转移成本高是相辅相成的。转移成本高是指用户忽视平台成本的提高或对成本变化迟钝、选择坚持使用当前平台的现象，即锁定效应。锁定效应会强化平台的自我强化机制，进而增加用户的转移成本。信贷直通车平台为撮合资金供给双方交易，提供了一系列基础性服务，比如：强化了政、银、担等多个机构之间的互联互通；整合了家庭农场名录、土地确权、农业保险、财政补贴、农业担保等涉农数据库等。这些基础性服务（有些甚至是专有性服务）提高了金融机构与农业经营主体的转移成本，强化了用户的锁定效应。

（4）信贷直通车的理论基础

金融机构对农村地区的支持力度不够，根本原因在于传统信贷技术下涉农信贷业务信息不对称严重、交易成本高，从而导致传统农村金融业务风险大、成本高，抑制了金融机构服务"三农"的积极性。信贷直通车以数字技术作为核心驱动力，充分发挥数据要素的价值，从而通过提升金融机构的信息甄别能力、降低交易成本，进而缓解了传统农村金融面临的风险大、成本高的难题。

① 降低涉农信贷业务信息不对称水平。"三农"客户的商业形态较为"粗放"，信用信息难以收集，造成了农村金融市场的信息透明度较低，金融机构放贷面临较大的信息不对称问题。这会产生两方面的后果：一方面，金融机构在贷前难以有效开展资质审核与信用评级，容易产生逆向选择问题，导致信用不佳、违约概率大的借款人反而更容易获得贷款；另一方面，金融机构在贷后难以进行及时有效的监督，从而产生道德风险问题，一些借款人将贷款资金投入高风险高回报领域，增加了贷款违约的可能性。数字技术能够提升金融机构的信息甄别能力和风控能力，降低涉农贷款业务的信用风险。在贷前信息甄别与信用评估方面，金融机构可以运用大数据、云计算和区块链等技术，实现农

村客户信用信息的有效整合，创新贷前信用评估模型和反欺诈模型，更加全面地掌握借款人的还款能力和还款意愿，降低逆向选择带来的违约风险。在贷后管理和风险预警方面，金融机构基于大数据技术，可以优化涉农贷款的风险管理模型和风险智能预警体系，更好地进行涉农信贷风险的识别、监控和预警，降低道德风险带来的违约风险，进而提高涉农贷款的管理水平，完善涉农贷款业务风控体系。

②降低涉农信贷业务交易成本。传统农村金融服务面临着获客成本高、信用评估成本高、贷款管理成本高等一系列问题，而数字技术有助于提升涉农贷款业务运行效率，降低涉农贷款在产品设计、营销获客、贷前尽调和贷后管理等环节的成本。其一，产品设计环节。金融机构运用数字技术，能够更好地对农业农村大数据进行系统分析，深度挖掘变化市场中的农村金融需求，推出更适合农村市场的产品与服务。数字化金融产品具有初始投资高、边际成本低的特点，金融机构在完成初期产品研发后，能够以较低成本进行多样化的产品设计，从而更加契合当前农村金融的多元化需求，实现产品与服务设计的降本增效。其二，营销获客环节。"三农"客户数量庞大，但是单个客户信贷需求较小，属于信贷市场上的长尾群体，营销获客的成本较高。金融机构利用数字技术，一方面可以在手机银行、微信银行等数字平台上进行金融产品和服务的推荐，利用大数据技术实现精准营销获客；另一方面也能够利用数字技术创新金融应用场景，基于涉农群体的场景化金融需求，为客户提供智能、开放、便利的服务，实现营销获客并改善客户体验。其三，贷前尽调与贷后管理环节。农村客户的信贷需求具有"短、小、急、频、散"的特征，导致金融机构需要付出更多的人力、物力和时间成本来进行贷款发放和管理，单笔贷款的管理成本远高于非农贷款。数字技术为农村金融机构进行线上信用评估以及贷款合约的签订和管理提供了手段，极大降低了涉农贷款的管理成本。

（5）信贷直通车的创新要素

信贷直通车通过机制创新、信息共享、数据增信、农担分险，运用农业经营主体信息直报系统，收集受理全国家庭农场、农民合作社等农业经营主体的金融服务需求，汇总并审核主体身份基本情况、贷款用途、用贷额度等信息，筛选出符合条件的优质主体名单，特别是运营规范、经营正常却一直未获得信贷支持的主体，由全国农业信贷担保体系提供担保服务，对接银行发放贷款，探索形成了"经营主体直报需求、农担公司提供担保、银行信贷支持"的模式，为农业经营主体提供更加便捷有效的信贷服务。

①打通了新型农业经营主体信贷需求直报渠道。信贷直通车由政府背书搭建平台，推动实现农村金融资源"点对点"直达、金融机构与农业经营主体"面对面"对接。这一模式具有较强的权威性和公信力，有效助力农业经营主

体跨越"贷款难"的第一关，即缺乏便捷可信的贷款渠道和贷款产品。直通车活动提供了专属的二维码，农业经营主体通过手机扫描二维码，即可在线填报相关信息，提出信贷资金需求申请，有关信息直接汇集到农业农村部农业经营主体信息直报系统，直达金融机构，为有迫切用款需求但获贷困难的主体打通了直连正规金融机构的渠道。

② 建立了银担紧密合作、风险共担机制。农业经营主体贷款面临的另一个困难是缺乏合格抵质押物，金融机构难以直接为其发放信用贷款。针对这个问题，信贷直通车活动引入了农业担保服务。农业经营主体提出信贷申请后，直通车利用系统直连，将相关信息全量推送给省级农业信贷担保公司，由省级农担公司会同其合作金融机构，优先对新型农业经营主体提供信贷担保服务，提供授信支持。通过担保分险，提高农业经营主体信贷需求的可获得性。

③ 探索了大型商业银行与农业经营主体对接的有效途径。信贷直通车模式为各大商业银行拓展农村市场开辟了高效的获客渠道，提升了各大商业银行对农业经营主体提供信贷服务的积极性。六大国有银行主动申请与直通车通过API的方式进行系统直连，实时交互业务数据。这些大型商业银行资金雄厚、成本较低、科技领先、资源丰富，其进入将对改变现有农村金融竞争格局产生深远影响，将有效提升农村金融服务水平，提高农村普惠金融服务成色，为构建现代农村金融体系做出有益探索。

④推动了大数据技术有效应用于农村金融服务。针对农业经营主体缺少合规抵质押物、缺少信用信息的问题，直通车一方面直连了农业农村部家庭农场名录系统和市场监管总局红盾系统，汇集了农民专业合作社示范社名录，对新型农业经营主体身份真实性、用途合规性以及资金额度与生产规模适配性进行自动校验；另一方面，连接了银保监会直属的中银保信公司农业保险数据，对接了农村土地承包经营权确权登记颁证数据系统，通过共享农业保险、土地确权等信用评级中高度关注的涉农政务数据，助力金融机构为新型农业经营主体精准画像、开展信用评价，实现数据增信。

7.1.3　信贷直通车运行情况

农业经营主体信贷直通车活动自开展以来，各地农业农村部门积极行动，各相关金融机构大力配合，全国农担体系持续发挥政策性担保作用，有效盘活了金融资源支持新型农业经营主体发展壮大。信贷直通车作为农业农村部门牵头建设的涉农信息服务平台，为金融部门加大对粮食和重要农产品稳产保供金融支持提供了手段，也为农业农村部门联合金融机构落实信贷支持农业生产重点领域提供了强力抓手。信贷直通车开通以来，持续为粮食生产和重要农产品稳产保供、农业产业发展、休闲农业、仓储保鲜、高素质农民培育等"三农"

工作重点领域提供金融信贷支持。比如：2021 年，为支持农业生产和农业抗灾救灾，会同种植业管理司开展系列专项活动，为河南抗汛救灾、台风"烟花"灾后农业复产等应急重点工作开辟信贷专属绿色通道；2023 年，积极联合邮储银行、工行、农行推广"种粮贷""粮食种植贷""粮农 e 贷"等专属产品，加大对粮食种植环节的信贷支持力度。截至 2023 年 10 月底，共有 225.37 万个农业经营主体通过信贷直通车平台提出申请，申请金额 3 745.45 亿元，累计实现授信 125.44 万笔，授信金额 2 899.24 亿元；平均融资成本 4.94%，年化利率 4.40%，担保费率 0.54%。

7.2　中和农信服务新型农业经营主体发展的创新实践：来自江苏赣榆和新沂的观察

7.2.1　中和农信在江苏赣榆和新沂的发展历史与现状

作为起源于国务院扶贫办与世界银行在 1996 年发起的秦巴山区小额信贷扶贫项目的中和农信，深耕农村市场近三十年，由传统的农村小额信贷平台逐步发展为综合助农服务平台，现已发展成为覆盖全国 20 个省份、500 多个县、10 万多个村庄的国内领先的综合助农机构，为多元化助力乡村振兴贡献了巨大力量，在乡村振兴战略中也扮演着桥梁和纽带的角色。为了解以江苏省为代表的我国农村普惠金融发展情况及其对乡村振兴的支持情况，项目组以连云港赣榆区和徐州新沂市具有代表性的中和农信网点进行实地调研，以深入分析中和农信服务新型农业经营主体发展的创新实践，探讨其在促进农村经济发展和社会进步中的作用。

中和农信在江苏的布局始于 2022 年，目前，中和农信的江苏区域共有 11 个分支，覆盖了连云港、徐州、宿迁、淮安和盐城五个市。江苏区域在 2022 年成立初期的贷款余额为 2 680 万元，客户为 700 户。截至 2024 年 7 月 9 日，江苏区域员工约为 200 人，贷款余额达 2.46 亿元，客户达 3 900 余户。

（1）赣榆区

中和农信赣榆分支成立于 2017 年 7 月。由于成立之时，中和农信总部尚未划分江苏片区，因此该分支自成立之始至 2022 年 1 月 9 日均暂挂山东区域名下，隶属于山东区域；自 2022 年 1 月 10 日起属江苏区域。

中和农信赣榆分支自 2017 年成立以来，累计发放贷款 5 736 笔、放款总量 3 亿元，在贷客户数 1 315 户，贷款余额 6 000 万元，其中线上贷款总额为 4 417 万元，线上在贷余额为 843 万元，贷款还款率超过 99%，PAR30 指标（30 天以上的不良贷款率）为 1.62%。为约 3 824 户家庭和个体经济、小微企业提供服务。目前，该分支现有员工 21 名，其中顾问 1 名，内务 1 名，督导 3 名，客户经理 16 名，其中，客户经理方面，由于该分支采取网格化管理、项目区服务，参照行政区划，按照资源互补及边界相邻原则，中和农信以网格的形式将全县划分成 24 个项目区，每个项目区设 1 名客户经理，要求该客户经理为其项目区本地人。

（2）新沂市

中和农信新沂分支建立于 2023 年，在区域架构方面，新沂的人员安排包括 1 名总经理、1 名行政和 1 名人力资源经理。新沂区域内划分了两个片区，每个片区各有 1 名片长，负责区域的管理和决策。此外，中和农信在各个区域另设区域督导。新沂分支目前有 3 名区域督导，主要职责为在初期开拓新分支，帮助新分支迅速成长。在进入稳定阶段后，区域督导的角色转为监督检查和复盘。中和农信新沂分支目前贷款余额为 2 096 万元，在贷户数 324 户，其中线上在贷余额为 113 万元。

7.2.2　中和农信提供的普惠金融产品运作模式及机制

在产品方面，中和农信产品均为普惠金融产品，属于小、短、多、快的金融服务，分为线上、线下两大类（图 7-2）。线上产品主要以极速贷和随心取为主，均为信用贷款，且贷款额度在 5 万元以下；线下产品有各类经营贷、种养殖贷、工薪贷、渔船贷等，其中"渔船贷"结合当地特色产业专门定制，是针对渔民而设计的贷款产品，期限一至三年不等。各贷款产品的额度基本上都在 50 万元以下。对于不同额度的贷款，各分支机构有权直接审批 5 万元及以下的贷款，而超过 5 万元的贷款则需要督导进行审核，其中督导各有其资质和级别，初级督导可审批 7 万元，中级 20 万元，高级 30 万元，并经由各分支或片区机构的贷审会讨论最终决定。

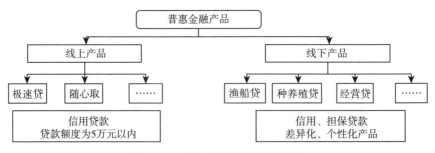

图 7-2　中和农信普惠金融产品

在客户识别和贷款发放方面，客户经理扮演着重要的角色，一方面通过线下发放宣传资料和在线社交媒体进行宣传，另一方面与项目区内的村干部等人员沟通，以深入了解村庄情况，并积极与有资金需求的客户进行对接和交流。此外，完成一定额度的贷款发放后，会产生一定程度的正面网络效应，现有客户也会主动为中和农信进行宣传。

在风险控制方面，中和农信在贷前、贷中、贷后各有相应措施（图7-3）。在贷前，客户经理会对客户信用做一个简要评估，结合信用历史、财务状况、经营能力等方面，进行全面的信用审核，而在该审核过程中，分支机构通常会借助总部提供的"流水分析系统"，对客户的流水信息进行交叉检验来验证借款人的收入和财务状况，进一步降低贷款风险。同时，在贷款发放的担保方面，中和农信一般会要求借款人指定一名共借人，通常是直系亲属，用以增强贷款的安全性。在贷中，客户经理实时监控，在贷款发放后，会定期回访借款人，与其沟通确认资金的使用情况，确保贷款用于规定的目的。通过监控的方式，观察借款人的资金流动，及时发现潜在的风险信号。在贷后，定期对客户的经营状况和还款能力进行评估，确保在借款人还款能力变化时做出相应措施。对逾期贷款的客户进行上门回访，了解实际情况，以文明方式进行催款。此外，由于客户经理是项目区的本地人，且其薪资与所管理贷款的发放和回收情况直接相关，这两个因素将有助于提高逾期贷款的催收和收缴效率。

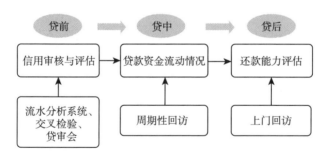

图7-3　中和农信的风控模式

7.2.3　中和农信的服务成效

中和农信的服务对象主要有以下三个特征：一是已在银行有贷款，但仍然需要其他的小额贷款用以满足其生产经营需要；二是其贷款条件并不符合银行的征信系统；三是在短期内急需要用钱的客户群体。根据项目组访谈和调研结果显示，截至2023年底，受访农户家庭累计借入款平均为672 960元，"中和农信"贷款平均为132 571万元，在农户累计借入款中占比平均为19.70%（表7-1），且多为信用和担保贷款，其中个人"中和农信"贷款的范围在0～30万元，涵盖了绝大多数的小额贷款需求。

表 7 - 1 受访者普惠金融产品服务使用情况

变量名称	说明	均值	标准差	最小值	最大值
累计借入款	2023 年内累计借入款金额（万元）	67.30	82.14	5.00	35
"中和农信"贷款	2023 年中和农信贷入款（万元）	13.26	6.68	1.40	30
银行贷款	2023 年银行贷款金额（万元）	45.96	55.66	0	200
私人借贷	2023 年向亲友借贷金额（万元）	1.67	4.77	0	20
农业保险种类	2023 年购买农业保险种类（种）	0.37	0.60	0	2
人身保险数量	2023 年为家中几人购买人身保险（人）	3.08	2.20	0	7

中和农信秉持服务农村"最后一百米"的使命和义利并举的经营理念，专注为农村地区新型农业经营主体的可持续发展提供以农村普惠小额信贷为主的综合解决方案。本文通过对江苏 2 县中和农信的实地调研，深入探讨了中和农信在服务新型农业经营主体发展的创新实践。基本结论如下：

第一，中和农信扎根农村市场，以满足农业生产经营客群可持续发展需求为核心，有助于新型农业经营主体的高质量发展，推动农业农村现代化进程。一方面，中和农信推出多款小额信贷产品，有助于缓解农村地区"用钱难"问题。资金是农业主体在生产经营过程中的普遍需求，由于其规模小、分散分布、缺少抵押物、数据信息缺失等条件限制，农业经营主体的金融需求依然迫切。中和农信则专注农村客群，坚持"小额分散"原则，强调产品的"低门槛"、包容性以及对生产经营的支持，大力发展农资、农机具等细分生产场景金融产品，充分发挥补充衔接作用，在全国范围内设立"进县入村，上门服务"式的服务网点，不断扩大服务范围与深度，坚持以可持续、可负担的金融服务覆盖农村地区的广大农户，切实提高了农村客群金融服务的可获得性。另一方面，中和农信针对中国复杂农业资源和农户"低议价能力、高购买成本""资金压力大，技术应用、精细化管理能力弱"等痛点问题，打造以技术为核心、以数字为支撑的农业全产业链服务，通过技术托管服务、农资供应链服务、产销对接服务等多个业务单元，深入农业种植与养殖生产的产前、产中、产后各个环节。中和农信农资产品类型已覆盖种苗、化肥、饲料、农药、农机具等主流品类，2023 年又增加粮食产销对接业务板块，进一步完善了产业链服务闭环，以实际行动为农业现代化和农业社会化服务提供新的思路和模式，为新型农业经营主体的高质量发展注入新的金融活水，在乡村振兴中发挥重要作用。

第二，中和农信在农村普惠金融数字化转型中发挥重要作用。中和农信积极推动传统农村普惠金融产品线上化转型，注重线上数字渠道与线下物理网点协同发展，强调打造数字化智能中台，赋能线下，提升服务效率及可获得性。

经过近三十年探索与发展，中和农信依托对农村客群需求、消费习惯和市场变化的深刻洞察及深耕农村市场建立起的信任基础，打造了规模化、标准化、专业化、数字化的线上＋线下全渠道业务模式，为农村客户群体的可持续发展提供量身定制的综合解决方案，更好地满足了农村用户多元化的生产、生活需求。中和农信逐步建立起直达乡村的线下服务网络和领先的数智化服务能力，以技术驱动的综合性产品和金融服务，是农村普惠金融数字化转型的重要推动力量。

7.3　典型案例的启示

7.3.1　追求技术创新，合力打造数字化金融支农服务

在数字经济的时代背景下，信贷直通车服务和中和农信的创新实践深刻把握住了农村金融数字化、信息化的发展趋势，通过强化金融科技赋能，为新型农业经营主体提供数字化的金融服务以支持其高质量发展需要。随着以大数据、云计算、区块链、人工智能等为代表的新技术不断突破，持续改变、重塑传统金融业的运营模式和业态产品，金融科技赋能已成为金融业高质量发展的重要驱动力。2023 年《国务院关于推进普惠金融高质量发展的实施意见》中提出"强化科技赋能普惠金融，支持金融机构深化运用互联网、大数据、人工智能、区块链等科技手段，优化普惠金融服务模式，改进授信审批和风险管理模型，提升小微企业、个体工商户、涉农主体等金融服务可得性和质量"。可以看出，在农村数字普惠金融领域，金融科技作为金融高质量发展的工具和手段，是深化金融供给侧结构性改革的重要引擎，可以有力推动农村数字普惠金融的高质量发展。因此应充分发挥金融科技与数字技术的优势，强化科技顶层设计，以夯实科技基础建设，带动技术构架升级、业务模型优化与风控能力提升，打造客户服务、产品创新、业务运营等满足各方需求的数字化金融支农的创新场景。

7.3.2　加强数据治理，健全涉农数据整合与共享机制

数据作为新型生产要素，在农村数字普惠金融领域扮演着极其重要的角色。2023 年《国务院关于推进普惠金融高质量发展的实施意见》中也专门强调"健全普惠金融重点领域信用信息共享机制。加强信用信息归集共享应用制度的顶层设计，依法依规健全信用信息归集、共享、查询、对接机制以及相关标准，确保数据安全"。信贷直通车服务和中和农信布局农村金融市场的创新实践均着力加强了涉农大数据的归集与整合，并通过搭建多主体联合互动的平台体系实现了有效涉农数据信息的安全共享，为金融机构提供综合有效的服务打下坚实可靠的基础。未来应继续提升大数据、信息安全和互联互通等数据治理能力，把握科技与数据双轮驱动，加快推进业务数据化、数据资产化，深入

促进数据价值释放，持续强化信息安全防控，打造数据驱动的业务创新发展模式。同时，应加强对农户信用的多重价值挖掘，加快建设区域共享的涉农信用信息平台，依托大数据技术，将已有的分散的涉农数据信息统一归集、全面整合，统筹推进农村数据"一体化"平台建设，健全数据流通、使用和共享机制，并强化平台对数据的处理、分析和应用能力，完善农村信用体系建设，以支撑金融科技创新和应用的数据需求。

7.3.3 推进多方合作，建立多主体参与的利益联结机制

农村金融是一项系统性工程，涉及金融、财政、农业等方方面面，这注定了农村金融问题的解决不能仅仅依赖于金融部门，而是需要相关各方协同合作形成合力。信贷直通车服务打造了以"政银担"合作为代表的金融模式，实现了财政与金融、金融机构内部以及各级政府的联动，并在行业内形成了一种"利益共享、责任共担"的共赢文化，为解决新型农业经营主体融资困境提供了新的思路与模式。中和农信则通过数字化助农平台，将农业产业链上下游的农业经营主体联结起来以达到整合产业资源的目的，实现产业链各环节之间的资源信息共享，更好地为各新型农业经营主体提供全方位、多层次的综合性服务，为农民搭建通向普惠金融技术的桥梁。因此，应当进一步加快形成风险共担、利益共享的价值共同体，着眼于构建政、银、企、农等多主体协同的战略伙伴关系，激发各机构支农的内生动力，汇集整合金融支农资源、发挥出政策合力，创新农村金融模式，合力打造综合性金融支农服务，走多边互惠、多边互赢、多边互生、多边互行的发展路径，共同助力农村金融高质量发展。

7.3.4 强化数据赋能，创新涉农信贷风险管控手段

长期以来，涉农数据缺失、信息共享困难等因素制约了农村信用体系建设，导致金融机构在提供服务时无法获取农业经营主体完整有效的信用信息，借贷双方存在严重的信息不对称，使得普惠金融在农村市场中面临着较高的信贷风险。2023年中央金融工作会议强调要构建和发展普惠金融生态体系，有效防范化解金融风险。信贷直通车服务与中和农信通过强化多方数据的互联互通，借助数字化风险预警模型，实现了在贷前、贷中和贷后的全方位风险管控。未来，应从涉农金融服务对象入手，区别化制定风险评级制度，优化信贷风险评估模型，完善风险防控制度。严格进行动态监管，实时监控借款人的信贷风险状况，拓宽信用评估考量范畴，将新型农业经营主体的多样化信息纳入涉农信用贷款审批评估体系，并对不同评分等级客户开展差别化授信额度和审批手续以及催收制度，以更好地维持农村数字普惠金融的生态体系安全与稳定。

下篇

金融赋能农村现代化的路径与经验研究：以新型农村集体经济为例

习近平总书记指出，壮大农村集体经济，是引领农民实现共同富裕的重要途径①。党的二十大报告明确提出，巩固和完善农村基本经营制度，发展新型农村集体经济，发展新型农业经营主体和社会化服务，发展农业适度规模经营。2024 年中央 1 号文件再次对发展农村集体经济作出重要部署，强调"深化农村集体产权制度改革，促进新型农村集体经济健康发展，严格控制农村集体经营风险"。新型农村集体经济是指以农村集体经济组织为依托，集体资产量化到集体成员，内部治理结构完善，兼具经济实力和治理效益的农村公有制经济形态（高鸣等，2021）。党和政府高度重视新型农村集体经济的改革与发展，出台《关于稳步推进农村集体产权制度改革的意见》《中华人民共和国农村集体经济组织法》等一系列政策法律文件，旨在促进新型农村集体经济高质量发展。

在上述政策和文件的支持下，我国农村集体经济成效斐然。根据农业农村部政策与改革司统计数据②：2022 年，全国村集体经济组织平均总收入达到123.0 万元，相较于五年前 2017 年的 82.2 万元增长了 49.6%；从收入来源看，经营性收入占比稳步上升，2022 年，全国村集体经济平均经营性收入达到 46.3 万元，占村均总收入的 37.6%。由此可见，我国农村集体经济的发展规模正在不断壮大，发展实力也在不断提升。然而，我国仍有一定比例的村庄陷入集体经济薄弱的困境。2022 年，我国仍有 12.1 万个村庄当年没有经营收益，占纳入统计村庄总数的 22.2%，贵州省仍有 24.03% 的村庄当年没有经营收益，这反映出我国农村集体经济发展水平亟待提高。

学者们对农村集体经济发展水平不高的原因进行了探讨。第一，集体产权问题。例如，集体产权主体缺位、土地价值界定不清楚、组织成员资格认定难度大等问题严重制约了村集体经济发展壮大（孔祥智和高强，2017；赵德起和沈秋彤，2021；李梦怡和史雅洁，2023）。第二，发展机制问题。例如，稳定发展机制缺乏、运行机制与治理结构不完善、市场竞争力不足、集体经济组织负债问题较重、农村集体资产封闭化处置、运营管理效率较低等方面成为村集体经济发展的桎梏（徐秀英，2018；仝志辉和陈淑龙，2018；周振，2021；曾恒源和高强，2023）。第三，发展动力问题。主要表现在农民信心不足、参与积极性不高，村集体经济内生动力缺乏、人才流失严重、激励机制不健全、外部依赖性强等方面（唐任伍和郭文娟，2018；周娟，2020；李文嘉和李蕊，2023）。除此之外，投资资金不足也是农村集体经济发展水平不高、发展路径

---

① 习近平：《论"三农"工作》，北京：中央文献出版社，2022 年 6 月，第 246 页。
② 农业农村部政策与改革司：《2022 年中国农村政策与改革统计年报》，北京：中国农业出版社。纳入统计村庄总数为 54.55 万个。

单一的重要原因。

近年来，中央财政投入农业农村的资金总量一直在增加，但分配给农村集体经济的资金同其发展需求相比仍显不足。2021 年湖南省"千村调研"数据显示，湖南省农村集体经济发展存在资金资源匮乏等限制，有多数村反映村集体经济因资金短缺难以起步，或者因现金流断裂导致失败；在被调查的 1 090 个行政村中，有 40.6％的农村集体经济面临着发展资金不足的现实困境（蒋辉等，2023）。北京郊区 100 个集体经济薄弱村调研结果表明，"缺乏产业发展资金"是在集体经济发展过程中占比最高、影响最广的制约因素（张英洪等，2023）。殷宇超（2023）基于浙江宁波市调研，发现当地村集体经济发展项目资金缺口大，财政资金投入未能有效带动农业产业的振兴。类似地，辽东山区村级集体经济也存在资金短缺问题，且其村级集体经济的发展资金基本来自财政资金，空壳村集体经济组织几乎没有积累，加之市场化筹资能力不足，在发展集体经济过程中经常受到资金不足的制约（郑世忠等，2023）。

金融作为现代经济的核心，理应成为发展壮大农村集体经济的重要融资渠道。2024 年 6 月 28 日第十四届全国人民代表大会常务委员会第十次会议通过《中华人民共和国农村集体经济组织法》，明确国家鼓励政策性金融机构对农村集体经济组织发展新型农村集体经济提供多渠道资金支持，同时鼓励商业性金融机构为农村集体经济组织及其成员提供多样化金融服务，支持农村集体经济组织开展集体经营性财产股权质押贷款；鼓励融资担保机构为农村集体经济组织提供融资担保服务；鼓励保险机构为农村集体经济组织提供保险服务[①]。中国人民银行等金融部门也积极响应政策号召，推出了围绕农村产权制度改革金融服务、集体资产抵质押范围与方式创新等一系列支持农村集体经济发展的举措，持续引导更多金融资金流向农村集体经济。然而，金融机构在支持农村集体经济发展方面仍面临一定的困境，主要体现在融资载体的缺乏。在银行等金融机构看来，村集体经济存在抵押物缺乏、经营风险高、收入不稳定等问题，并不是理想的融资载体，所以银行等金融机构给村集体经济发放贷款的意愿不高。根据苏黔两省革命老区 20 村的实地调研数据，农村集体经济组织最常办理的金融业务是转账汇款业务，占比高达 95％，而办理过贷款业务的农村集体经济组织数量极少，仅占总数的 5％。由此可见，金融支持农村集体经济发展的效力仍然停留在表面，金融支持的潜力尚未充分发挥，亟须进一步加强。

基于以上现实问题，深入探讨如何为农村集体经济创造一个良好的融资载

---

① 《中华人民共和国农村集体经济组织法》第六章第 52 条。

体，成为了推进新型农村集体经济高质量发展过程中亟待探究的重大课题。本研究通过对江苏省、贵州省四地 20 村的实践考察，探究金融支持农村集体经济过程中所面临的风险，厘清其背后存在的问题与成因，进而提出相应的破解思路与解决方法，点燃农村集体经济发展的"金融引擎"。本研究的相关结论对于创造农村集体经济融资载体、实现新型农村集体经济发展壮大具有重要的现实意义。

研究设计

8.1 研究目标

受产权不明晰、权责不明确、管理不到位、流转不顺畅、保护不严格等因素的影响,尽管农村产权制度改革在不断深入推进,但是我国农村集体经济整体发展仍然较为缓慢,目前依然处于发展路径的探索期和制度框架的初步形成期。许多农村集体经济组织正结合自身资源试图开辟出具有专一性的经济发展模式,但由于农村集体经济组织起步较晚,其具体的行为机制与作用路径并不明朗,也尚未积累起可供定量分析的充足数据资料,因此难以使用计量方法对农村集体经济的发展情况进行检验。

本书所要解答的是金融支持村集体经济的现状、问题及对策。通过研究分析,本书可以实现以下目标:一是构建解析农村集体经济发展困境的系统性框架,通过有效的描述性分析探明农村集体经济发展问题的成因和可行的解决路径;二是揭示金融支持农村集体经济发展的实施路径和运行机制。

8.2 样本选择

2024年调查农村集体经济样本共20村。其中样本来自江苏省3个县级市以及贵州省1个县级市,分别为无锡江阴市、泰州姜堰区、盐城射阳县、贵州省麻江县。无锡江阴市、泰州姜堰区、盐城射阳县分别在各个镇抽取农村集体经济样本6个,贵州麻江县的样本村为2个,构成样本村共20个。

调研团队在进行样本的选择时,进行了多方面考量。新型农村集体经济的收入总体呈现"东高西低,梯次下降"的分布特征。江苏省作为中国沿海地区的经济发达省份,村集体拥有较为雄厚的原始资本,村集体经济的发展水平较高,能提供丰富的案例和数据,同时江苏省在推动农村集体经济改革方面位于全国前列,存在积极的政策支持和创新实践。因此选择江苏省有助于全面了解中国东部地区农村集体经济的发展现状。贵州省位于中国内陆,拥有独特的地理条件和生态优势。因此，以贵州省为样本进行村集体经济调研可以更为全面地了解中国农村集体经济的发展状况，特别是在欠发达地区的实际情况，为制定更加精确有效的农村发展政策提供依据。

调研团队在选取具体调研县市时也进行了诸多考虑。选取的江苏省三个不同的县级市分别位于苏南、苏中、苏北三个不同经济发展水平的区域，为研究提供了不同区域背景下的村集体经济发展模式和经验。选取贵州省麻江县是因为麻江县拥有丰富的生态资源，脱贫攻坚成效显著，村集体经济发展具有特点，能够为研究带来启示。

8.3　调研过程

研究团队于 2024 年 7 月在无锡江阴市、泰州姜堰区、盐城射阳县、贵州省麻江县进行了实地调研，获取资料的途径包括问卷调查、半结构化访谈。

调研团队于 7 月 23 日上午在江阴农商行进行座谈并走访调查邓阳村、建义村、青阳村、小桥村、戴庄村、卧龙村六个村庄。

调研团队于 7 月 24 日上午在姜堰农商行进行座谈，于当天下午走访调查孙舍村、河横村、湖南村、洲南村、桥头村、小杨村六个村庄。

调研团队于 7 月 25 日下午在射阳农商行进行座谈，于 7 月 26 日上午走访调查烈士村、沙东村、建华村、维新村、贺东村、潘东村六个村庄。

调研团队于 7 月 29 日上午在麻江农商行进行座谈，于当天下午走访调查水域村、兰山村两个村庄。

8.4　调研方式

8.4.1　问卷调查

根据金融支持农村集体经济发展的客观需求，"金融'贷'动农村新型集体经济发展调研团队"对农村集体经济问卷进行精心设计和反复讨论，最终确认农村集体经济问卷主要包括农村集体经济的基本信息、农村集体经济贷款情况、土地流转及使用的基本信息、农村集体经济项目生产经营情况、资产价值及资金使用、村集体开支等。

8.4.2　半结构化访谈

团队成员在调研期间，对各村的村"两委"成员、农村集体经济运营班子和财务人员及农村金融机构村镇网点业务人员等进行了深度访谈，详细了解了调研村庄的农村集体经济发展情况。

8.5 资料说明

本研究借鉴的一手调研数据主要来自实地调研过程中通过访谈由各村的村"两委"成员、农村集体经济运营班子和财务人员及农村金融机构村镇网点业务人员所直接得到。

本研究借鉴的二手资料主要来自两个渠道，一是笔者及团队成员在调研过程中获取的农村集体经济经营报告，以及由县农业农村局提供的相关材料；二是在新闻媒体、微信公众号等公开渠道收集到的相关新闻报道。

9 CHAPTER 9

农村集体经济发展概况及金融供需情况

9.1 样本县域社会经济发展概况

9.1.1 江阴市

江阴市，江苏省省辖县级市，由无锡市代管，地处苏锡常"金三角"几何中心，交通便捷。2023年，全市实现地区生产总值4 960.51亿元，比上年增长5.9%。人均地区生产总值27.80万元。

在农村集体经济发展方面，2022年7月29日江阴市人民政府发布《关于发展壮大新型农村集体经济促进农民共同富裕的实施意见》。文件提出系列重点举措促进新型农村集体经济发展，包括但不限于开展土地综合整治、支持组建农业发展公司、优化农村金融服务等。2022年，江阴市村集体经营性总收入为162 215万元，同比增长10.9%，村集体经济总收入为265 328万元。

在普惠金融发展方面，江阴农村商业银行（江阴农商行）发行"村村贷"专项产品，具体情况如下：

向农村经济合作社、镇（街道）村联合成立的集体经济组织或其他村级经济组织发放的用于农业发展、乡村治理、经营性资产运营管理等用途的贷款。贷款额度最高不超过1 000万元，贷款期限一般不超过3年，最长不超10年，担保方式采用信用、抵押、质押、保证的一种或多种，利率设置在3%左右，切实帮助村集体发展。

江阴市农商行在发放"村村贷"时会考虑各种因素。在发放贷款时，会考察贷款主体是否具备还款能力，贷款主体是否具有持续"造血"项目以及是否具有可抵押的物品，从而控制贷款的风险。贷款主体为股份经济合作社。江阴农商行同时引入政府主要控股的镇级担保公司进行担保，从而保证贷款的发放。

截至2024年6月末，江阴农商行累计为全市25家农村集体经济组织提供融资服务，发放贷款金额2.04亿元。

9.1.2 姜堰区

姜堰区隶属于江苏省泰州市，位于江苏省中部、江淮之间，地跨长江三角洲和里下河平原。2022 年，姜堰区实现地区生产总值 876.55 亿元，同比增长 6.0%。按常住人口计算，人均地区生产总值 131 004 元，增长 6.1%。

在农村集体经济发展方面，2022 年姜堰区制定印发《泰州市姜堰区扶持农村集体经济发展专项资金管理暂行办法》，规范村集体经济项目资金管理。2022 年，全区经营性收入 50 万元以上、100 万元以上的村集体占比同比分别提高 4 个百分点、8 个百分点，农村居民可支配收入同比增长 7.5%。同时，姜堰区创新村集体经济发展模式，实施首批"两社"联动项目 28 个。

在普惠金融发展方面，姜堰农村商业银行（姜堰农商行）推出贷款产品"惠民富村贷"。具体情况如下：

"惠民富村贷"是姜堰农商行向服务辖区内村集体成立的股份制经济合作社（公司）发放的，用于村集体经济发展的流动资金贷款或固定资产项目贷款。该产品授信额度根据客户实际经营情况综合而定，单户原则上不超过 1 000 万元。授信期限不超过 3 年。担保方式以信用方式为主，也可追加保证、抵（质）押。

姜堰农商行普惠金融部负责"惠民富村贷"贷款业务管理，包括管理办法制定、完善和修订，业务推动、考核等；授信评审部负责"惠民富村贷"授信审查审批工作；风险管理部负责"惠民富村贷"风险管理、组织产品风险识别与提示、贷后管理等相关考核工作；合规管理部负责"惠民富村贷"贷款产品相关制度文件审查，协议、流程、宣传的合规性评估及提示；资产保全部负责"惠民富村贷"不良贷款追偿和资产处置等各项工作；各营业网点（包括各支行、营业部、公司业务部）负责"惠民富村贷"贷款产品营销，并做好贷后检查及到期催收工作。

截至 2024 年 6 月末，"惠民富村贷"共 2 笔，余额 480 万元，均以信用方式发放，满足村集体经济发展的流动资金需求或固定资产项目建设需求，有效破解了村集体经济组织缺乏有效抵质押物的融资难题。

9.1.3 射阳县

射阳县属盐城市，地处陆地与海洋分界线的交叉点，是江苏省海域及湿地面积最大的县份。根据射阳县初步核算，2023 年全年地区生产总值达 740.04 亿元，按可比价格计算，比上年增长 6.4%。

在农村集体经济发展方面，2022 年射阳县出台了《射阳县村级集体经济发展三年行动计划（2021—2023 年）》，不断加强农村"三资"监管水平，维护村集体合法权益，促进集体经济健康可持续发展。2023 年射阳县 231 个村（社区）集体经营性收入均达 40 万元以上，其中 50 万元以上村占 88%。

在普惠金融发展方面，射阳农村商业银行（射阳农商行）发行"五方挂钩贷"产品。具体情况如下：

"五方挂钩贷"是射阳农商行在乡村振兴工作队的联系和指导下独特定制、创新推出的专属于农村集体经济项目发展和美丽乡村建设项目的特色信贷产品。其每笔贷款的具体授信额度原则上不超过 3 000 万元，额度调整由射阳农商行结合具体的项目情况进行评估后决定；贷款利率按照中国人民银行利率政策和射阳农商行五年期基准利率执行，为 4.2%；授信期限不得超过十年期。此外，"五方挂钩贷"设立了合理的风险保护机制，用在建工程作为抵押，一旦村集体无力偿还贷款，可将其在建工程收回。

"五方挂钩贷"的发放由乡村振兴工作队牵头，对"五方挂钩贷"的落地起到统筹兼顾的作用。"五方挂钩贷"的落地主要依靠乡村振兴工作队、市人民政府、市农业农村局、射阳农商行、政府主要控股担保公司、市财政局和审计局等八个主体得以实现，分别承担不同的责任。具体来看，"五方挂钩贷"的落地流程主要包括五个环节。第一，项目确立。由乡村振兴工作队经过调查研究后确定具体的帮扶乡村，结合各个乡村的具体情况制定项目。第二，贷款申请。申请"五方挂钩贷"的主体为多个帮扶乡村共同出资建立的公司。第三，贷款审核。由市人民政府、市农业农村局、射阳农商行进行审核。第四，贷款发放。由政府主要控股的担保公司进行贷款担保，射阳农商行与借款人、担保公司签订合同后发放贷款。第五，贷后管理。射阳农商行对贷款是否专款专用进行持续跟进，射阳县财政局对贷款进行贴息，同时射阳县审计局也会对公司进行依法依规审查。

"五方挂钩贷"目前发放共三笔，各 3 000 万元，共计 9 000 万元。最早的"五方挂钩贷"发放时间为 2022 年 5 月，目前三笔"五方挂钩贷"均尚未盈利。从调研情况来看，当前射阳县"五方挂钩贷"助力集体经济发展大多依靠厂房出租即租赁型集体经济，以扶持产业项目即经营性集体经济为主。

9.1.4　麻江县

麻江县，隶属于贵州省黔东南苗族侗族自治州，地处贵州省中部，清水江上游，是黔东南苗族侗族自治州西大门，是全国林业生态建设先进县、全国造林绿化百佳县，是中国南方最大的蓝莓基地县、中国红蒜之乡、中国锌硒米之乡。2023 年，全县生产总值完成 49.23 亿元，增长 4.2%。

在农村集体经济发展方面，2021 年由村"两委"领办村级专业合作社，全县 63 个村集体领办合作社 111 个；组建村联合党委，捆绑村合作社组建合作联社，发展种植蓝莓、中药材等 6 000 余亩；强化产业联动，引进培育壮大一批经营主体，带动全县 63 个村集体经济收入突破 10 万元，50 万元以上的村 16 个；强化党群联抓，全县村集体和农户把资源变资产 4 万余亩、入股折价 1.31 亿元，资金变股金 1.65 亿元，农民变股东 1.74 万户共计 7 万余人，促进村集体经济和农户"双增收"。

在普惠金融发展方面，麻江县积极协调金融部门对蔬菜基地的农户给予每户 5 万元的小额贷款，县财政对贷款农户进行全额贷款贴息，形成了以农民投入为主体、政府扶持为引导、社会资金为补充的多元化投入机制。2023 年，麻江农村商业银行创新推出针对新型农业经营主体的贷款产品"致富通·家庭农场贷"，单户新型农业经营主体综合授信额度最高是 300 万元，其中纯信用的授信最高是 100 万元。截至 2024 年 6 月末，该产品贷款余额有 11 户，投放的金额是 583 万元。

9.2　样本村集体经济发展概况

9.2.1　集体经济收入情况

农村集体经济总收入是反映农村经济发展水平的一个重要指标。调查数据显示（表 9-1），江苏省 18 个样本村庄总收入平均值为 451.21 万元，中位数为 372.60 万元，而贵州省样本村庄总收入平均值与中位数为 49.04 万元（图 9-1）。由此可见，江苏省与贵州省差距较大，江苏省农村集体经济的整体收入较高、发展水平较高。

表 9-1　2023 年度样本村庄集体经济收入情况表（万元）

指标		经营性净收入	财政补助收入	其他收入	总收入
江阴市	戴庄村	220	230	100	550
江阴市	邓阳村	164	289	49	502
江阴市	建义村	345	283	2	630
江阴市	小青阳村	208	300	0	508
江阴市	卧龙村	290	160	0	450
江阴市	小桥村	530	700	1	1231
江阴市平均值		292.83	327.00	25.33	645.17
姜堰区	河横村	155.05	148.44	11.98	315.47
姜堰区	湖南村	208.62	126.34	0	334.96
姜堰区	桥头村	286.32	211.11	5	502.43

（续）

指标		经营性净收入	财政补助收入	其他收入	总收入
姜堰区	孙舍村	128.449 6	17.87	0	146.319 6
姜堰区	小杨村	896	270	126	1 292
姜堰区	洲南村	68.7	500	13.2	581.9
姜堰区平均值		290.52	212.29	26.03	528.85
射阳县	贺东村	115.48	126.14	1.93	243.55
射阳县	建中村	62.5	50	0	112.5
射阳县	烈士村	110	117	0.7	227.7
射阳县	潘东村	128	40	212.8	380.8
射阳县	沙东村	28	8	0.1	36.1
射阳县	维新村	28.04	49	0	77.04
射阳县平均值		78.67	65.02	35.92	179.62
江苏省平均值		220.68	201.44	29.10	451.21
麻江县	水城村	25	15	0	40
麻江县	兰山村	27.072	31.000	0	58.072
麻江县平均值		26.04	23.00	0.00	49.04
总体平均值		201.21	183.60	26.19	410.99

注：①经营性净收入＝毛收入－成本；②财政补助收入包括项目补助和直接补助；③其他收入，如利息收入等。

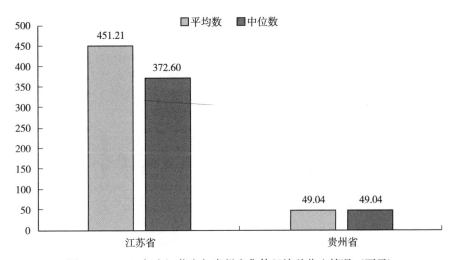

图 9-1　2023 年度江苏省与贵州省集体经济总收入情况（万元）

就江苏省内不同地区农村集体经济总收入而言（图9-2），江阴农村集体经济总收入平均值与中位数分别为645.17万元、529.00万元，姜堰农村集体经济总收入平均值与中位数分别为528.85万元、418.70万元，射阳农村集体经济总收入平均值与中位数分别为179.62万元、170.10万元。由此可见，江苏省内农村集体经济同样存在区域发展水平不平衡的问题，以江阴代表的苏南地区收入水平明显高于苏中与苏北地区。就各村集体经济总收入而言（图9-3），20个样本村庄中，总收入最高值为1 292万元，而最低值则为36.10万元，极端值差异明显，最大值远高于最小值。由此可见，农村集体经济发展水平区域差距较大。

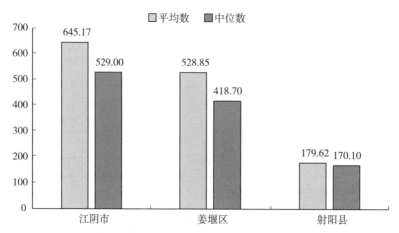

图9-2　2023年度江苏省南、中、北部村庄集体经济经营性收入情况（万元）

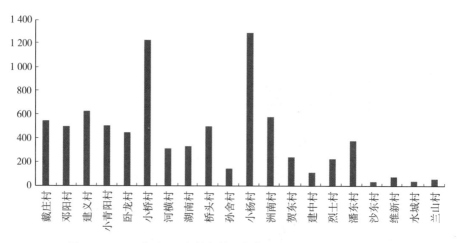

图9-3　2023年度20个样本村庄集体经济总收入情况（万元）

农村集体经济经营性收入能够较好地反映农村集体经济组织运营能力。针对样本村庄集体经济经营收入调查结果显示（表 9-1），经营性收入平均值为 201.21 万元、中位数为 141.75 万元。同时，就农村集体经济收支平衡情况而言（图 9-4），样本村庄中大部分收支持平（0≤收入－支出≤50 万元）或处于财政盈余状态（收入－支出＞50 万元），少部分入不敷出（收入－支出＜0）。由此可见，农村集体经济运营能力整体较好。

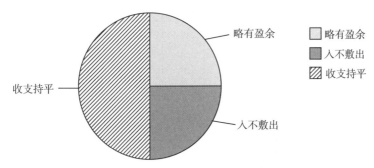

图 9-4 2023 年度农村集体经济收支平衡情况

在农村集体经济组织收入来源方面（图 9-5），20 个样本村庄中，以经营性收入为主（经营性收入大于补助收入）的农村集体经济组织数量为 11 个，占比 55%；以补助收入为主（补助收入大于经营性收入）的农村集体经济组织数量为 9 个，占比 45%。同时，从不同收入来源差距角度而言，只有 3 个村集体经济组织经营收入与补助收入相差超过 150 万元。由此可知，村集体经济组织的收入以经营性收入为主，存在依靠财政补助"输血"的问题。

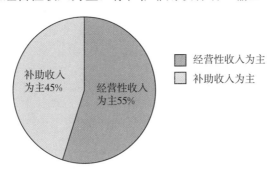

图 9-5 2023 年度农村集体经济收入来源

9.2.2 集体经济经营收入来源主要渠道

农村集体经济组织产业分布能够较好反映村集体经济资源整合利用情况与农村产业结构的调整升级情况。调查数据显示（表 9-2），样本村庄在建集体经济项目共有 20 个，其中生态农业是分布最为集中的产业，共有 6 个，项目数量占项目总数的 30％，显示出农村集体经济对生态农业有较高倾向性。

表9-2　样本村庄在建集体经济经营项目产业分布情况（个）

地区	承包租赁	传统种养业	生态农业	乡村旅游	餐饮住宿	农产品加工	非农产品加工	仓储物流	其他第二产业	其他第三产业
江阴市	1	0	5	0	0	0	0	0	2	0
姜堰区	1	0	0	0	0	0	0	0	0	2
射阳县	1	1	1	0	0	0	0	1	1	3
麻江县	0	1	0	0	0	0	0	0	0	0
项目总数	3	2	6	0	0	0	0	1	3	5

注：①承包租赁：将一定期限的经营权交由承包人行使，或将企业租赁给承租人；②乡村旅游：以乡村为空间，体验乡村生活的旅游形式。

针对在建项目在更高层次的产业发展调查结果显示（图9-6），民宿餐饮、投资合作社等其他第三产业占比达 20％，光伏发电、厂房翻新、园区建设等其他第二产业占比达 15％。除此以外，还有少量涉及仓储物流的产业占比仅 5％，这说明农村集体经济在探索新业态发展上有所成效，但整体水平仍有待提升。

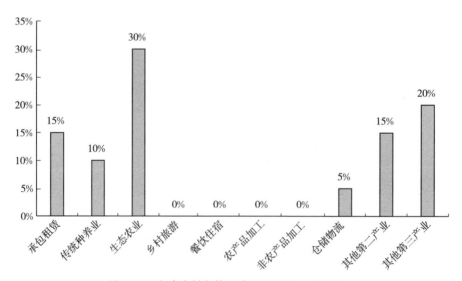

图9-6　在建农村集体经济项目的产业分布情况

而通过对各样本村庄中占集体经济收入主要来源的项目（已经建成投产的

项目）的分析可以发现（图 9-7），承包租赁是分布最为集中的产业，项目数量占总项目数的 70%。由此可见，农村集体经济收入来源较为多样，但以承包租赁为主，存在产业结构较为单一的发展局限。

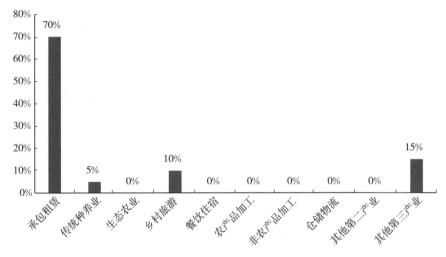

图 9-7　农村集体经济收入主要来源项目产业分布情况

就江苏省不同区域农村集体经济产业分布而言（图 9-8），在江苏省内，姜堰区在建农村集体经济项目数量占总项目数量的 15%，射阳县在建农村集体经济项目数量占总项目数量的 40%，江阴市在建农村集体经济项目最为集中，数量占总项目数量的 45%。由此可见，在江苏省内区域项目建设存在不平衡特征，以江阴市为代表的苏南农村集体经济产业发展状况整体较好，而姜堰区等苏中地区产业发展较为缓慢。

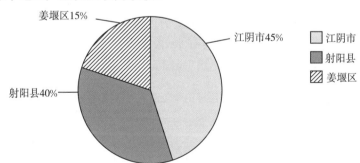

图 9-8　江苏省不同区域在建农村集体经济项目的产业分布情况

9.2.3　集体经济组织管理团队情况

管理团队对集体经济组织至关重要，在科学决策、资源配置、风险防控、团队协作等方面发挥引领作用，因此了解农村集体经济组织领导团队情况有助于推测该集体经济健康发展程度。

对村党组织（党委或者党总支，或者党支部）负责人、村委会主任、村集体经济组织负责人兼职情况进行调查。结果表明，所有样本村庄村党组织负责人、村委会主任、村集体经济组织负责人均由同一人担任。由此可见，"一肩挑"政策在基层管理中得到普遍推行，农村集体经济组织领导权力较为集中。

样本村庄集体经济组织领导团队年龄偏大。针对农村集体经济组织负责人的调查结果显示（表9-3），农村集体经济组织负责人的平均年龄是48.3岁，其中年龄30岁以上不满40岁的人数为3人，年龄40岁以上不满50岁的人数6人，年龄在40岁以上不满50岁的人数占比最大，共11人，占比55%。整体来看农村集体经济组织负责人年龄较大。

表9-3　样本村庄集体经济组织负责人年龄结构情况（人）

地区	平均年龄（岁）	不满30岁（人）	30岁以上不满40岁（人）	40岁以上不满50岁（人）	50岁以上不满60岁（人）	60岁以上（人）
江阴市	48.83	0	0	3	3	0
姜堰区	47.67	0	1	2	3	0
射阳县	45.67	0	2	1	3	0
麻江县	56.50	0	0	0	2	0
总体	48.3	0	3	6	11	0

样本村庄集体经济组织领导人受教育水平良好。针对农村集体经济组织负责人的调查结果显示（表9-4），高中学历人数共有2人，拥有大专及以上学历的占比为90%，其中大专学历共有12人，占总人数比重为60%。由此可知，农村集体经济组织负责人文化水平较高。

表9-4　样本村庄集体经济组织负责人受教育水平情况（人）

地区	初中	高中	大专	本科	研究生
江阴市	0	1	3	2	0
姜堰区	0	0	4	2	0
射阳县	0	0	4	2	0
麻江县	0	1	1	0	0
总体	0	2	12	6	0

9.2.4　集体经济组织制度建设情况

样本村庄集体经济组织制度改革完成情况较好，股权管理方式相对简便。针对样本村庄集体经济产权制度改革调查结果显示（图9-9），所有样本村庄均在2021年前完成集体经济组织制度改革，成立村级股份经济合作社，其中2019年完成改革的村庄数量最多，占样本总体的25％，农村集体经济组织制度改革完成情况较好。同时，针对农村集体经济组织股权管理方式调查结果显示（图9-10），所有样本村庄股份经济合作社均设有集体股与成员股，在此基础上，采用股份静态管理（即量化到人、固化到户，生不增、死不减）的村庄占样本总数的45％，采用股份动态调整（生增死减）的村庄占样本总数的35％，采用股份动静结合调整的村庄占样本总数的20％，可见多数村庄对集体股份的管理方式采用相对简便的静态管理方式。

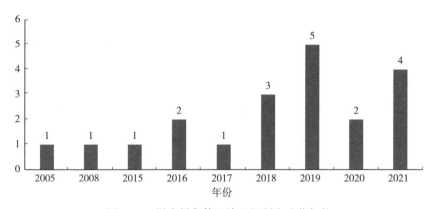

图9-9　样本村集体经济组织制度改革年份

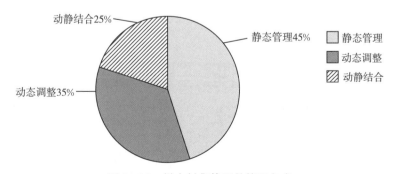

图9-10　样本村集体股份管理方式

9.3 样本村集体经济金融供需情况

9.3.1 样本村普惠金融服务可得性情况

样本村庄普惠金融服务可得性整体上不断提高，但个性化、智能化等高端服务方面尚缺乏。农村普惠金融支付点提供包括存取款、转账汇款等基础金融服务，是反映普惠金融推行的重要指标。对普惠金融服务网点调查显示（表9-5），在20个样本村庄中，40%的村庄拥有支付点。综合点提供全方位、多层次的服务，满足居民多样化需求，是反映普惠金融覆盖度与深度的重要指标。在20个样本村庄中，40%的村庄拥有综合点。智慧点除基础金融服务功能外，通过智能化设备、大数据、云计算等技术手段，提供更加个性化、智能化的服务体验。在样本村庄中，尚无村庄拥有智慧点。由此可见，在基础性金融服务方面，农村集体经济组织能够获得较好服务，而农村集体经济组织目前尚不能得到有力的智能化金融支持。

表9-5 样本村普惠金融服务网点情况

地区	总数量（个）	平均数量（个）	支付点数量（个）	综合点数量（个）	智慧点数量（个）	到最近银行网点的平均距离（千米）
江阴市	3	0.5	2	1	0	2.82
姜堰区	5	0.83	2	3	0	1.97
射阳县	6	1	3	3	0	3.92
麻江县	2	1	1	1	0	3.65
总体	16	0.8	8	8	0	3

9.3.2 样本村集体经济组织主要金融业务

样本村庄集体经济组织金融业务类型较为基础，且金融对集体经济发展的贷款资金支持较少。就各村集体经济组织最常办理的金融业务类型而言（表9-6），转账汇款是占比最高的常办业务，比例达到95%；此外，多数村庄不经常办理贷款业务，经常办理贷款业务的村庄仅占样本村庄总数的5%。可见，针对农村集体经济组织开展的金融业务类型有限且贷款业务发展较慢。

表9-6 样本村集体经济组织金融业务类型占比情况（%）

地区	转账汇款	现金业务	贷款业务	其他
江阴市	5	0	1	0
姜堰区	6	0	0	0
射阳县	6	0	0	0
麻江县	2	0	0	0
总体	19	0	1	0

9.3.3 样本村集体经济组织项目贷款需求情况

样本村庄集体经济组织贷款需求较低。对农村集体经济组织贷款情况调查显示（表9-7），20个样本村庄中，有50%的村集体经济组织申请并获得过贷款，50%的村集体经济组织负责人表示不考虑通过金融渠道融资，表明了农村集体经济发展过程中存在一定融资需求意愿不足的问题。

表9-7 样本村集体经济组织贷款情况（%）

地区	存在项目资金短缺的村占比	未申请过项目贷款的村占比	申请过项目贷款的村占比	获得过项目贷款的村占比
江阴市	83.33	16.67	83.33	83.33
姜堰区	16.66	83.34	16.66	16.66
射阳县	50	50	50	50
麻江县	0	100	0	0
总体	50	50	50	50

样本村庄集体经济项目建设所获信贷支持仍较为有限。对20个在建农村集体经济项目贷款情况的调查显示（表9-8），有55%的项目从未进行过贷款申请，这一占比在苏中村庄更是高达83%；总体样本中有45%的村庄获得过银行的贷款，所有申请过贷款的村庄全部成功获得了信贷支持。由此可见，农村集体经济项目在贷款获取方面存在一定的保守性或障碍，同时也表明金融机构对于符合条件的贷款申请态度较为积极。

表9-8 样本村在建集体经济项目贷款情况（%）

贷款情况	样本总体	江阴市	姜堰区	射阳县	麻江县
未申请过贷款项目	55	50	83	33	0
申请过贷款项目	45	50	17	67	0
获得过贷款项目	45	50	17	67	0

CHAPTER 10

金融支持新型农村集体经济发展的机制与路径

10.1 金融支持农村集体经济融资的机制

10.1.1 金融机构的供给产生机制

金融机构作为具有特定经营目的的商业性组织，一方面为了自身发展需要保证经营利润，另一方面为了确保经营安全需要降低风险。出于这两个目的，金融机构对于农村集体经济组织的金融服务供给需要满足收益可得与风险可控两个条件。同时，作为社会化的经济组织，金融机构具有积极响应政策号召的政治社会义务，因此，金融机构的供给产生也会出于政策原因。

（1）收益可得——理性经济人

根据理性经济人假设，金融机构在为农村集体经济组织提供金融服务时，会基于理性分析和盈利预期做出决策。尽管金融机构的支农目的可能影响其对农村集体融资的支持程度，但其决策仍然会受到收益与成本的严格约束。具体而言，如果某项目未来预期收益低于相关成本，理性金融机构将倾向于减少对该项目的供给。在金融业务中，成本不仅包括资金的直接提供，还包括贷前的信息搜集成本、贷中的交易成本以及贷后的资金监督成本。因此，只有当金融机构所能获取的融资收益能够覆盖其所有展业成本时，理性的金融机构才会选择提供融资服务。在实际操作中，尽管融资项目的财务成本可能较高，金融机构也可能出于政策鼓励、财政补助或对未来农村集体经济发展的预期，考虑到潜在的市场回报，依然选择向农村集体经济组织提供融资服务。

（2）风险可控——信息不对称理论

风险可控是金融机构提供信贷的必要前提。当资金的需求方和供给方掌握着不对称信息时，可能最终会影响到供给双方的实际效用和市场分配效率（许永健，2018）。具体在农村金融业务中，贷前，由于许多农村集体经济的内部财务标准性较低，银行因此处于信息劣势一方，从而难以对农村集体经济进行准确的风险评估和风险预测；贷后，农村集体经济组织存在着政经功能分离不到位等情况（魏昊等，2024），易出现资金使用状况混乱或资金挪用等的道德风险。而对于金融机构而言，只有克服交易双方的信息不对称程度，使其为农村集体经济组织提供融资的风险可控，才可能为其提供融资服务。

（3）政策引导——新公共管理理论

政策引导是金融机构提高信贷供给的又一大重要原因。新公共管理理论提倡通过引入市场机制来提供公共服务，提高服务质量（Frederickson，1997）。根据这一理论，政府在促进农村集体经济组织发展的过程中，对其的助力不仅局限于单纯政府层面的政策支持与转移支付，还应引入市场机制。通过政策引导引入金融机构，建立金融机构与农村集体经济组织之间健康正常的市场供需，从而以市场机制提高资金效率，助力农村集体经济组织发展。因此，在这一理论支持下，政策因素同样会促使金融机构面向农村集体经济组织提供融资服务。

10.1.2　农村集体经济组织的需求产生机制

资金不足问题是制约农村集体经济发展的一大阻力，但是农村集体经济存在资金缺口却并不必然意味着相应存在着融资需求，农村集体需要满足现实需求和认知程度两大条件才能促使农村集体经济组织产生融资需求。

（1）资金缺口——现实需求

满足资金缺口同样需要两个条件，一是缺乏资金积累，二是存在资金用途。许多农村集体经济组织由于收入来源单一、主体经营积极性不足，存在着入不敷出或集体收入过低的情况，但如果没有良好的资金出口用以提升自身经济状况，促进自身发展，农村集体经济并不会对资金产生需求，只有当农村集体经济组织满足发展意愿强烈、发展项目明确与自身现有资金不足这一矛盾时，才会产生融资需求。

（2）金融素养——认知程度

农村集体经济组织的决策很大程度上受组织领导者的影响（高鸣等，2021），因此，农村集体经济组织的理事长本身的金融素养也必然会影响其对于融资的决策。金融素养是指在对金融概念、金融产品和服务、投资常识有一定了解基础上，进行投资决策的能力（Atkinson & Messy，2012）。在具有一定基础的金融素养之下，农村集体经济组织理事长才能对金融产品和服务有基本的认知，科学了解其运作机制，衡量其中的风险和收益，从而降低对于风险厌恶的程度，筛选出符合自身条件的金融产品或能够积极与金融机构沟通对接，来匹配自身的需要，从而才能对金融产品产生自身的需求。

10.1.3　供求双方的匹配机制

金融支持农村集体经济组织融资的实现，除了需要供给和需求的产生，还需要供需双方充分对接、有效匹配，这就要求农村集体经济组织的融资需求是可被满足的，即需求的有效性，金融机构的服务是可被获得的，即供给的可得性。

（1）需求的有效性

有效金融需求是指有贷款意愿且能够满足金融机构贷款条件的金融需求（陈雨露和马勇，2010）。金融机构在提供金融产品时，通常有抵押、担保、信用三种模式，而获得金融机构贷款通常需要借款人具备良好的信用记录和稳定的收入来源，同时提供资产证明和明确的贷款用途。农村集体经济组织也同样需要为金融机构提供类似的资料，只有农村集体经济组织有充足的抵押质押财产或能通过银行授信，顺利达到金融机构放款门槛，符合金融机构内部的贷款发放资格，才能成为一种有效的融资需求。

（2）供给的可得性

供给的可得性，此处借用金融可得性的概念，指经济主体获得正规金融服务的难易程度。在农村集体经济方面，则是农村集体经济组织对于金融服务的可得性。现实中，由于农村集体经济组织内部缺乏抵押、账目不明晰等问题受到一定程度上的金融排斥，金融可得性较低。只有当金融机构对其的服务可达、金融机构能够针对农村集体经济组织的特定需求提供合适金融服务时，这种金融供给才是有效、可得的（图 10-1）。

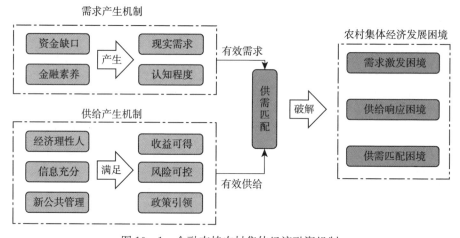

图 10-1　金融支持农村集体经济融资机制

10.2　金融支持农村集体经济发展的路径

在明确金融机构与农村集体经济组织的供给、需求和供需匹配机制之后，融资通过产业发展、人才提升、技术支持、财政助力、干部引领、管理规范完善六条路径促进村集体经济发展。

10.2.1　激发村集体产业潜能

在农村集体经济发展方面，产业的培育与提升不容忽视。通过融资支持，村集体经济组织能够更有效地投资于产业建设。

（1）培育产业基础，促进产业升级

融资通过为筑牢新型农村集体经济提供资金支持，从而助力培育产业基础、因地制宜发展农村经济项目。一方面，"无中生有"，为培育新地方产业提供资金，助力产业调研、分析等活动的开展，从而协助当地村集体认识本村自然资源、劳动力结构、市场需求等，促进农村集体经济组织积极探索新兴产业，如乡村旅游、生态农业、信息技术应用等。在本次调研中，射阳洋马镇贺东村引入金融机构资金支持，培育孵化出成型的药菊产业，有效促进了当地产业的诞生与发展。

另一方面，"有则生精"，为村内旧有产业转型升级提供资金，包括传统农牧业的现代化改造，通过资金引入科技，推动农业的转型升级，衍生旧有项目的产业链，提升农村经济项目的综合竞争力。例如，太仓市城厢镇东林村在旧有循环经济的基础上，引入金融机构外部资金，推进农文旅融合发展，延长了循环生态农业产业链，促进当地产业进一步升级。

（2）打造区域全产业链

融资有助于全产业链的打造，为疏通农村产业上下游缓解资金约束。一方面融资有助于村集体对区域内的自然资源、人才资源、技术资源和资金资源进行全面梳理与分析，找到各类资源的最佳匹配点，明确产业链的各个环节，包括生产、加工、物流、销售等，形成一体化、协同化的产业体系，形成一个资源互补、强强联手的生态圈。另一方面，由于村集体的内部需求有限，需要外部区域进行消化供给，因此需要打通区域产业链，通过全产业链销售、消化商品，而打通区域的产业链又亟须建立良好的运输和物流体系，从而降低流通成本，提高效率。因此，融资也会对农村集体设施建设提供资金支持，推动产业搭建与产品销售。同时，构建线上线下销售渠道，利用电子商务平台，拓宽产品销路，提高农村产品的市场认知度，通过与城区的商家、企业等进行深度合作，实现农村集体经济组织与周边联动发展。例如，广西柳州三江侗族自治县梅林乡村集体，通过融资建立当地的物流电商中心，向内连接农产品生产端和收购、销售端，向外联通该村与外部市场，从而促进村集体整体发展。

10.2.2　培育村集体人力沃土

在农村集体经济发展方面，人力资本的培育与提升至关重要。通过金融支持，村集体经济组织能够更有效地投资于人力资本培育。

（1）促进劳动力回流

金融支持促进了村集体经济的进一步发展，从而拉动了外出的劳动力回流。在"推拉理论"下，人口流入地有利于改善生活条件的被定义为"拉力"。金融资本流入村集体经济之后，农村集体经济组织通常会创新发展方式，延长旧有产业链条，对劳动力的需求日益增长，增加了许多就业机会，这就是一种吸引人口的"拉力"，进而吸引外出劳动力的回流，而回流劳动力的外出经历助长了技能提升。回流劳动力的旧有社会网络也更便于回流后的创业就业（任正委和周瑶君，2022），这不仅有助于缓解农村劳动力短缺的问题，还能为村集体经济的多元化发展提供充足的人力资源保障，而充足的劳动力数量也是促进村集体经济发展的基础。

（2）提升劳动力素质

融资有助于促进村集体经济组织内部劳动力素质的提升。在资金的支持下，一方面，农村集体经济组织可以进行人才培养，通过加大对教育培训的投入，为劳动力提供多样化的学习和发展机会，包括组织专业技能培训、邀请专家进行技术指导、鼓励劳动力参与继续教育等，促进劳动力质量的提升；另一方面，农村集体经济组织也可以进行人才引进，直接通过高薪聘请专业人员等方式引入高素质人才。这些人才不仅具备丰富的实践经验和专业知识，而且能够为村集体经济带来先进的管理理念和技术创新，从而帮助村集体经济对外产业发展、运营得当，对内管理高效、构架明晰。以安徽省宿州市萧县为例，该地整合成立多领域专家服务团，进行项目技术指导，推动了当地产业的发展。

10.2.3 促进村集体技术革新

在农村集体经济发展方面，技术的革新与发展更为重要。通过金融支持，村集体经济组织能够更有效地投资于技术的创新与发展。

（1）促进技术研发

融资为村集体经济组织搭建了吸引和汇聚先进劳动力的平台，而这些先进劳动力的进入为技术的发展提供了基础。高素质人才不仅具备丰富的专业知识和实践经验，更具备创新思维和研发能力，推动新技术、新工艺的研发与应用。通过不断探索、开发适合当地条件的新型生产技术，或改进革新现有生产技术，从而提升生产效率，降低成本，增强市场竞争力。同时，高素质人才的进入还能在农村集体经济组织内部形成技能创新和技能学习氛围，从而促进组织内部整体技术的提升。

（2）加强技术引入

除了培养内部技术力量外，融资还使村集体经济组织能够直接购买和引入先进技术。通过购买专利使用权、引进先进设备和聘请行业专家进行技术指导，村集体经济组织能够快速获得技术上的优势，实现产业升级。例如，在农业领域，可以引入智能化种植技术、精准农业管理系统等，提高农作物的产量和品质；在手工业领域，则可以引入自动化生产线、高精度加工设备等，提升产品的附加值和市场竞争力。此外，金融机构和政府政策的支持也为村集体经济组织带来了更多的技术引入机会和配套支持措施，如技术培训、技术咨询、科技合作等，进一步加速了技术革新在村集体经济中的落地与应用。

10.2.4　促进财政资金投入

财政资金投入可以为金融支持提供信心，同时又为农村集体经济组织规划发展路径，从而可以促使财政金融协同支持农村集体经济组织的发展。

（1）强化金融机构信心

财政资金可以通过降低金融支持双方的信息不对称程度，从而拓宽集体经济获取贷款的渠道。金融机构出于利益最大化的考虑，对于集体经济这类抵押物较少、信息搜寻成本大、风险发生的不确定程度高的经济主体，可能不愿意或者不愿意提供较多的资金支持村集体经济发展。但是，在金融流入吸引财政资金投入之后，一方面，财政资金的流入本身就代表着对于村集体经济的支持，可以起到一定程度的示范带动作用；另一方面，财政资金的支持也为后续村集体经济偿还金融机构的债务提供了兜底与保障，因此，这都可以加大金融机构对村集体经济的信息了解程度，扩大对村集体经济的资金支持，从而促进农村集体经济组织的进一步发展。

（2）规划农村集体经济组织发展方向

财政资金的介入通常带来较为成熟或已规划好的项目，可以为农村集体经济组织的发展指明方向。农村集体经济组织难以发展，其中一个重要原因是受限于没有可供发展的项目或产业，探索优质项目的成本过高、集体组织成员受限于自身的认知水平都可能成为集体经济没有发展方向的原因。而当财政资金流入支持村集体经济发展时，可以为村集体经济发展带来明确的发展目标与项目，规划好未来村集体的发展路径，从而对村集体经济发展起带头引领作用。

10.2.5　提升村干部领导力

村干部是集体经济组织发展的核心成员，是整个集体经济发展过程中的引领者、参与者与支持者。农村集体经济组织在获取到贷款支持之后，一方面，组织领导者需要更好地管理组织、整合资金、落实项目规划；另一方面，他们也面临着农村集体经济组织的还本付息压力。这双重要求之下，村干部有着改善自身领导力动力。在这一过程中，村干部既需要与金融机构、政府部门、专业组织等的互动，建立起广泛的支援网络，又需要与组织成员沟通，从而锻炼了村干部的沟通管理能力，同时，金融支持通常伴随着专业培训和知识传播。村干部参与各类培训，学习项目规划、财务管理和市场营销等方面的知识，能够增强其专业技能和决策能力。以上都可以显著提高村干部自身能力，促进其领导力的提升。领导力的提升又可以进一步促进其在面对复杂环境中做出更为正确的决策，保证经济组织项目或产业更好地落地与运营，从而推动农村集体经济组织的进一步发展。

10.2.6　完善村集体经济管理规范

在金融支持村集体发展的同时，金融机构在贷中的监督也对村集体经济的管理提出了新的要求，从而促进村集体经济管理更为规范。

（1）完善财务管理制度

金融支持要求村集体必须建立一套系统的财务管理流程，增强财务透明度。这包括资金的预算、决策、使用、监控和结算等多个环节，确保每笔资金的流入和流出都有据可依，避免不当使用或财务舞弊行为。因此，村集体需要定期编制和审核财务报告，为内部管理提供支撑，也方便外部金融机构和监管部门的审查，确保资金使用的合规性和有效性。同时，村集体还需要建立预算管理制度，对未来的财务收支进行合理预测和规划，这种制度在为金融机构的监督提供相应信息的同时，也促进了农村集体经济组织内部的资金合理分配，使村集体能够在资金有限的情况下最大限度地发挥资源效益，并减少因预算控制不当带来的经济风险，助力农村集体经济组织的发展。

（2）形成内部控制与外部监督的管理体系

村集体面临着发展的政策目标与资金还本付息的压力，因此建立完善的内部控制机制也成为必需，这与金融机构对其的外部监督并立，形成内控外督的管理体系。组织内部控制方面，通过明确职责和权限，避免个人独断专行，确保管理过程的透明和规范。村集体可定期聘请专业审计机构，对财务状况及经济活动进行全面审计，评估财务管理的合规性和有效性。审计报告将为管理层提供客观、专业的意见，并为改进财务管理提供依据。除了内部控制，在外部监督方面，除了金融机构对村集体的监督，村集体还可以通过设立监事会或引入社区代表、第三方机构等参与管理监督，确保财务和经营的透明度，增强管理的公正性和可信度。信息公开是促进外部监督的重要手段。村集体可以通过定期向村民、金融机构和其他利益相关者发布财务报告、项目进展及资金使用情况等信息，增强透明度，提高村民对集体经济的认知和参与，使其对管理过程有更深层次的监督（图10-2）。

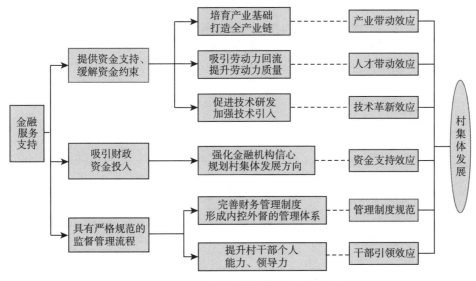

图 10 - 2　金融支持村集体经济发展路径

10.3　农村集体经济融资的局限性

10.3.1　农村集体经济融资主观意愿不足

良好的融资载体势必要拥有强烈的主观意愿需求，而从实际情况看，大部分农村集体经济即使面临土地、人力、财力资源短缺的困境也没有融资意愿，使得金融机构在支持农村集体经济的融资过程中常常有心无力。

（1）自然资源短缺

传统经济学理论即"资源祝福"理论，认为良好的自然资源禀赋为经济发展提供了物质基础。岳利萍（2007）认为自然资源供给短缺会引发经济社会发展所需要的资源供不应求，从而对地区经济增长形成制约。因此，我们有理由相信村集体层面的自然资源短缺会导致村集体经济增长动力不足，从而融资需求受限。图 10 - 3 汇报了自然资源短缺限制村集体融资需求的作用机理，自然资源的短缺主要体现在建设用地的缺乏和资源种类的单调上，这不仅使得村集体经济产业结构单一，而且使得用作发包资源匮乏，导致了农村集体经济经营前景不广和财产性收入的减少，从而使村集体缺乏发展动力、农民缺少发展信心，削弱了投资和融资的需求。

根据调研情况，自然资源短缺是农村所存在的共性问题。从对 20 个样本村庄的调研看，90％以上的村干部均表示村集体由于建设用地的缺乏严重制约了第二、第三产业的发展，"迫使"农村产业结构单一。50％的村干部明确表示所属村庄自然资源缺乏独特性（图10-4）。麻江地区得益于多样化的地形，拥有矿产等特色资源，这一状况并不严重。而在江苏地区则尤为严重，以平原为主的地形使当地缺乏较好的资源禀赋，大部分村庄均以耕地为主，缺乏林地、池塘等独具特色的资源，只能够租赁耕地，发包资源有限。

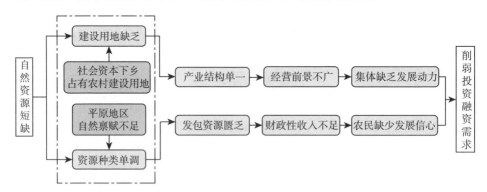

图10-3 自然资源短缺导致融资需求受限

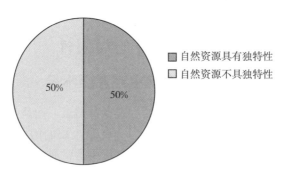

图10-4 农村自然资源独特性情况

（2）人力资源的依赖性和保守性

"道义小农"理论认为农户的经济目的不是像资本主义企业一样追求利润最大化，而是追求"家庭效用最大化"，即希望保证最小风险的同时实现更高的生活保障水平。鲁晓玲（2022）认为农户在做决策时是理性的，会以自身需求及偏好为标准来对自己的选择进行评估，并根据自己的评估结果来做出使自身效用最大的选择。因此，我们有理由相信，大量出身农民的村干部由于客观环境上农村集体经济和政府常年的高度捆绑和主观上家庭生活中的小农思维，在村集体经济的发展上具有依赖性和保守性，从而导致了融资的主观意愿不足。图10-5汇报了人力资源的依赖性和保守性导致融资主观意愿不足的作用机制。一方面，在农村集体经济的发展过程中，由于与政府的高度捆绑，忽视了市场化运营能力的培养，其管理层存在对政府补助、转移支付的依赖性（王修华等，2024），缺乏通过金融手段参与市场融资的意识和能力。另一方面，由于长期对于政府的依赖和小农思维的局限性，农村集体经济组织管理团队金融知识匮乏、风险偏好较弱，过分"趋利避害"的思维使得他们在处理村集体资产时极其谨慎，保守性较强，不愿冒风险寻求金融渠道的资金支持，融资意愿不足。

从调研情况看，大部分村干部的依赖性和保守性较为严重。根据对村集体经济组织贷款情况的调查显示，仅有 50% 的村集体申请过项目贷款，而超过 85% 的村干部在谈及发展问题时首要想到的均是寻求政府的财政支持、依靠转移支付（图 10-6）。此外，在访谈中，大部分村集体经济负责人柔和保守、明哲保身的作风也多有体现，缺乏贯彻落实各项措施的魄力。为规避风险几乎所有村庄都通过承包租赁来获得旱涝保收的收入，而若有资金盈余，宁可存入银行收取较低的利息也不愿意将其用于投资。即使部分村庄的村民经过摸索，创立了能够融合一二三产业的龙头企业，但村集体出于规避风险的考虑，也只会通过收取地租的方式获得收益，而不是考虑通过金融融资、以村级股份经济合作社入股村民企业，将原有产业做大做强，获得投资收益。农村集体经济人力资源思想的落后导致了融资意愿的不足。

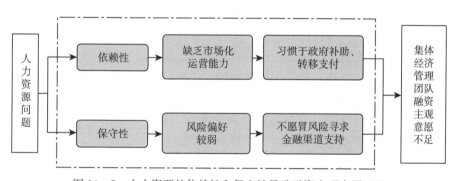

图 10-5　人力资源的依赖性和保守性导致融资主观意愿不足

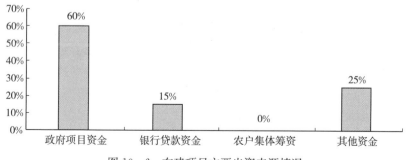

图 10-6　在建项目主要出资来源情况

10.3.2 农村集体经济融资客观风险较高

良好的融资主体需要有着稳定的资金流动性和强劲的偿债能力，但根据调研情况，由于抵押受限和信用缺乏的原因，农村集体经济参与融资对于金融机构而言风险过高。

（1）农村集体经济抵押受限

全面风险管理理论认为应通过内部控制和风险对冲等防范损失，通过风险组合适配资本回报率等以持续盈利。曾鸿语（2024）认为农村实物资产、用益物权等的抵押，在抵押物登记、价值变动、变现能力方面会对银行担保产生相应的风险。因此，我们有理由相信，抵押物作为风险识别和评估的关键主体，其缺失将导致金融支持风险的提高。图 10-7 汇报了集体抵押物缺乏增加金融支持风险的作用机制。农村集体经济组织作为公有制经济主体参与市场经济，其特殊的法人地位造成了集体资产确权抵押的困难，导致金融机构难以对农村集体经济资产做出精确的风险识别和评估，加大了金融支持的风险。

根据调研情况，农村集体经济缺乏抵押物的困境普遍存在。在对各大农商行的访谈中，农村集体经济难以向金融机构提供抵押的窘境被频繁提及。农村集体经济组织所拥有的一切财产属于集体，因此，申请贷款的负责人（根据调研，一般是村支书）难以将公有财产作为抵押，这极大地导致了风险的不确定性。但各地方政府对此又缺乏明确的政策规定，导致村集体不敢随意抵押，银行不敢自主授信。虽然《中华人民共和国民法典》赋予了农村集体经济组织特别法人的地位，使其具有了参与融资市场的主体身份，但农村集体经济组织独立立法的缺失仍使得农村集体经济的风险承担与权责分配缺乏明确的法律依据，因此即使拥有交易主体资格，农村集体经济组织在信贷市场上也并未获得广泛认可（郑庆宇等，2022；房绍坤等，2023）。金融机构的逐利性使其不愿意冒着缺乏抵押物的风险对村集体提供大额贷款。

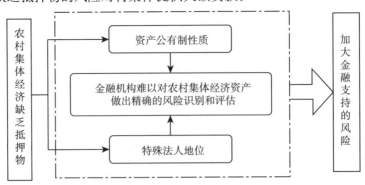

图 10-7 农村集体经济缺乏抵押物导致金融支持风险较高

（2）农村集体经济信用缺乏

信息不对称理论指出，在市场经济活动中，不同主体对信息的掌握程度存在差异，其中信息掌握较少的一方通常处于劣势地位。信息不对称可能导致劣势方做出错误的决策，进而引发风险并造成损失。常健（2024）指出，信息不对称不仅可能导致交易双方利益受损，还可能引发信息劣势方的恐慌情绪，从而加剧风险。杨丽春（2024）进一步强调，在银行授信业务中，由于客户信息不全面或不真实，信息不对称现象尤为显著，导致授信活动偏离预期目标。因此，可以推测，集体经济组织在缺乏充分信用信息的背景下，会加剧金融机构面临信息不对称的劣势地位，从而增加融资风险。

图 10-8 汇报了集体经济信用缺乏增加融资客观风险的作用机理。长期以来农村集体经济组织的非市场化运作方式，导致其缺乏足够的交易记录来支撑信用评估。因此，传统企业的授信体系难以有效适用于农村集体经济这一新兴市场主体，金融机构在评估集体经济信用时面临较大困难。其次，尽管农村集体经济的信用贷款通常以集体股份经济合作社名义申请，但根据相关法律法规，村民小组才是农村资源资产的实际所有者和债务的实际承担方。即银行向集体组织收取还款时，实际上是在向每个村民小组的成员收取欠款。这种债务人分散的结构使得银行在收回贷款时面临较大困难，一旦发生坏账，银行也难以处置村民小组持有的资产，从而提高了贷款的不良发生率。由此可见，信用评估的难度与较高的信贷不良发生率共同推动了信用贷款风险的增加。

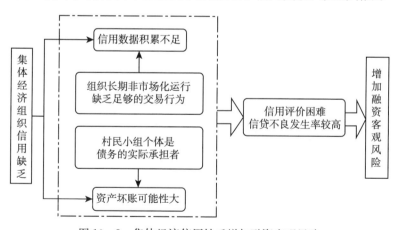

图 10-8　集体经济信用缺乏增加融资客观风险

调研情况证实了当前农村集体经济组织信用的缺乏。按照规定，农村集体经济组织应该进行"村社分账"，系统准确地记录每一笔财务信息，根据《中华人民共和国农村集体经济组织法》的要求，完整的农村集体经济组织当具有成员（代表）大会、理事会、监事会等专门机构，按章程独立行使其职权。但从调研结果来看，70％的村集体于 2017 年后才开展了集体产权制度改革，95％的村股份经济合作社法人代表是村支书，政经分离不到位、股份经济合作社建立不完善。同时，100％的股份经济合作社与村"两委"共用一套管理成员，即"一套人马统一管"（李文嘉等，2023），部分理事会和监事会组建不够规范，成员大会等内部管理会议与村民代表大会等行政会议高度重合，治理架构不健全。由于改革时间较短、部分历史遗留问题难以厘清以及现有财务管理人员专业水平有限等原因，大部分村庄未能形成稳定的财务管理体系，村、社账户存在不统一，审核过程形式主义，往年财务信息缺失等问题多有发生，财务制度不健全。

以上分析从主客观端构建起了农村集体经济作为融资主体弊端的统一分析框架（图 10-9），进而发现了由农村集体经济特征所决定的四大难题是阻碍农村集体经济成为合适融资主体的原因。其中，自然资源缺陷和人力资源的依赖性和保守性主要影响了主观需求方面的接纳难题，农村集体经济缺乏抵押物和信用缺乏主要影响了客观风险方面的参与难题。这四大困境在主客观的两端共同阻碍了农村集体经济成为合适的融资主体，并最终体现为农村集体经济的融资问题。具体来看，农村集体经济抵押受限、信用缺乏和自然人力资源的缺乏，不符合金融机构对财务可持续性和风险可控性的要求，从而抑制了以农村集体经济作为融资主体的乡村振兴步伐。

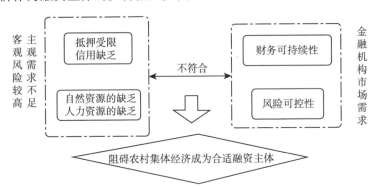

图 10-9 主观需求和客观风险阻碍农村集体经济成为合适融资主体的作用机理

CHAPTER 11

金融支持新型农村集体经济发展的实证分析

金融作为现代经济的核心，理应成为发展壮大农村集体经济的重要融资渠道（王修华和魏念颖，2024）。鉴于此，本文基于 2021 年江苏省 2 315 家农村集体经济组织数据，运用计量经济学模型系统实证分析金融支持水平与农村集体经济发展之间的逻辑关系。本研究可能的边际贡献在于：①定量剖析了金融可及性对农村集体经济发展的影响，回答了金融支持水平与农村集体经济发展的关系，丰富了分析研究金融可及性与农村集体经济的关系中的实证检验研究成果。②在研究过程中，引入了村庄经济实力和农村集体经济组织决策者特征两个角度来分析金融可及性对农村集体经济发展的影响，使得研究启示更具有现实指导意义。探究农村地区金融可及性对农村集体经济发展的影响及机制，对于开展"发展和壮大农村集体经济"工作具有重要的学术价值和现实意义，本研究旨在为发展壮大农村集体经济、促进乡村振兴提供参考依据。

11.1 文献综述与理论分析

11.1.1 文献综述

金融作为推动经济发展的血脉，在推动经济发展的过程中发挥着重要作用。目前对于金融与农村经济发展之间的关系研究较多，学者们对于金融可以促进农业农村经济发展这一观点达成共识，但不同学者聚焦于农村的不同主体，如农户、新型农业经营主体、涉农企业等，对金融推动农村发展路径进行探索与讨论。

对于农户，目前学界主要关心金融与农户收入、农户韧性等经济指标之间的关系。部分学者谈论了金融与农户收入之间的关系，发现金融可以从社会层面促进创新和技术发展，从而扩大农户收入来源，提升农户收入，降低城乡收入差距（Wang et al.，2024；Lian et al.，2023；Zhou et al.，2023）。其余学者也有类似的结论，认为数字普惠金融的使用可以通过促进农户创业、创新保险形式抵抗创业风险，从而促进农村劳动力的非农就业（Wang et al.，2024；Cheng et al.，2024）。在促进农户收入之后，也有研究证明，数字普惠金融在促进农户家庭韧性方面具有积极作用。具体而言，普惠金融因其具有的投融资功能，一方面能缓解农户的资金约束，帮助农户在增收过程中抵抗风险；另一方面，合理的投资配置也能进一步提升个体面对冲击的抵抗能力（Peng & Liu，2024）。

对于新型农业经营主体，一方面，金融不仅能通过资金直接支持，而且还能诱导更多社会主体进入农业，从而有利于培育新型农业经营主体，促使其诞生（洪炜杰，2024）。另一方面，在新型农业经营主体的发展上，有学者研究发现，金融可以通过为家庭农场提供资金支持，从而促进设备升级与技术改进，最终显著促进家庭农场经营绩效的提升（Chen et al.，2022）。有学者进一步聚焦于全要素生产率的角度，发现金融通过缓解融资约束、提升新型农业经营主体创新能力，从而促使其全要素生产率的提升（曹瓅和袁浩然，2024）。

对于涉农企业，有研究表明，金融通过提供资金支持，在推动涉农企业发展过程中扮演着重要角色，而数字金融更是依靠着自身特性，通过缓解信息不对称，在推动涉农企业数字化转型中发挥作用（Liu et al.，2023）。与此同时，金融在推动农业综合性企业绿色转型方面的作用也不容忽视，有学者研究发现，数字金融从数量和质量两大层面促进涉农企业的绿色创新产出的增长，为农业高质量发展打下坚实基础（He et al.，2024）。

在明确金融可以推动农村经济发展之后，金融可及性则成为探讨金融与农村地区经济发展的前置条件，因此，对于金融可及性是否能够促进地区经济发展这一问题，答案也必然是肯定的。金融可及性通过促进地区就业、缓解个体融资约束等机制，从而降低贫困发生率、推动当地发展（Benmelech et al.，2011；Bianchi，2010；Bae et al.，2012）。

农村集体经济是农村地区最重要的农民组织形式，但是关注金融可及性对于农村集体经济影响的研究却较少，仅有部分学者聚焦于金融对农村集体经济发展的作用，对此进行探讨。他们强调了金融对发展集体经济具有重要作用，明确了农村金融支持集体经济需要明确供给增加、体系完善、环境改善的发展目标，坚持市场导向、协调发展、分类施策的基本原则（王曙光等，2018；高鸣等，2022）。而在金融支持的对象上，集体经济发展更好的村庄更能发挥金融资本的支持作用，因此，在新型农村集体经济组织内部，则需要加强人才建设，提升新型农村集体经济的经营能力，才能有效吸引金融资金流入，促进集体经济更好发展（高鸣等，2022）。此外，部分学者还将金融与财政结合，讨论两者协同对于村集体经济发展的助力。他们认为财政金融协同支持可以有效缓解新型农村集体经济组织面临的资金压力和发展困境，促进集体经济的可持续发展（彭澎等，2024）。

综上所述，现有文献已经从农户、新型农业经营主体、涉农企业等涉农主体的角度，对金融支持农业农村发展进行了广泛的探索与讨论，对于其内部的发展机制与路径也进行了深入梳理。而农村集体经济组织作为重要的农村组织形式，针对金融与集体经济发展关系的研究仍然较少，仅围绕金融如何支持集体经济发展的路径给出了具体建议，却很少有深入探索金融可及性与集体经济发展之间的机制的相关研究，并且目前主要以理论分析与案例分析为主，也缺少相应的实证检验。

11.1.2　理论分析

金融是促进农村集体经济发展的重要保障（王曙光等，2018）。随着农村金融服务"最后一百米"的打通，金融机构更为深入农村市场，农村集体经济组织的金融可及性提升①，使得农村集体经济组织的经济进一步发展。一方面，信贷能够为农村集体经济提供必要的流动性和资本，帮助其扩大生产规模、更新技术设备以及进行市场拓展。另一方面，金融可及性的提升有助于改善农村地区的投资环境（Yiadom et al.，2023）。金融可及性的提升往往伴随着金融市场的完善和金融服务的多样化，这能够吸引更多的外部投资进入农村地区，促进资本的流入，引入先进的管理经验和技术，这有助于提高农村集体经济的市场竞争力，增强其可持续发展能力。

同时，金融机构还能够为不同性质的集体经济提供差异化金融服务（Royal & O'Donnell，2008），比如，为经营性农村集体经济提供资金托管、理财等服务；为资源开发型集体经济提供开发性基金等服务，有利于合理分配资源，提高集体经济发展质量。加强农村金融对集体经济的支撑作用，不仅能够保证农村集体经济组织的持续稳定运行，发挥其在公共服务供给中的主体作用，而且可以依托生态、文化等资源，发展观光农业、休闲农业等新兴业态，拓宽集体经济的发展渠道，激发其内生动力，盘活农村资源、资产、资金，最大限度激发农村集体经济活力，实现强村富民（孙雪峰和张凡，2022）。基于此，提出以下假说：

假说1：农村地区金融可及性的提高能够促进农村集体经济发展。

多名学者通过调研发现，资金短缺问题和融资约束困境严重制约了农村集体经济发展（蒋辉等，2023；张英洪等，2023；殷宇超，2023；郑世忠等，2023），仅依靠政府财政投入获取转移支付资金远不能满足农村集体经济发展的资金需求。农村金融作为整个金融体系的重要组成部分，能够一定程度上缓解融资约束，激活农村集体经济的发展动力，进而推动集体经济发展壮大。在

---

①　由于本文探讨的主体主要为村集体，金融可及性的内涵概括为农村集体经济组织以一定成本获取到正规金融服务的难易程度。

其他条件固定的情况下，农村金融支持水平通过影响借贷双方的交易成本与信息不对称程度，从而影响村集体的融资约束。

在农村金融市场中，交易成本主要是指村集体与农村金融机构之间的皮鞋成本、交通成本、贷前信息搜集成本、贷后监督成本，双方的地理距离越远，交易成本越高（Cerqueiro et al.，2014）。较远的地理距离不仅使得村集体到达金融机构需要承担更多的路费、付出更大的精力，而且会提高金融机构的监督成本。目前，村集体由于其自身资产的特殊性，使得其贷款主要以担保和信用为主，这更对金融机构贷后的监督力度提出了更高的要求，然而，较远的地理距离会显著降低金融机构对于贷后监督的力度与深度（郑海荣等，2023），促使金融机构出于成本等的考量产生"惜贷"行为，降低村集体的金融可及性。因此，双方的地理距离越近，交易成本越低，村集体的金融可及性越大（周月书等，2019）。

而借贷双方的信息包括"硬信息"与"软信息"，由于村集体经济组织可能存在政经分离不到位、财务制度不完善（李文嘉和李蕊；2023），金融机构可参考的硬信息十分有限。因此，金融机构更需要对农村集体经济组织实际负责人的素质、性格、可靠性和专业技能等信息进行考察（Angori et al.，2020；Morse，2015；Bartoli et al.，2013；Berger & Black，2011；Berger & Udell，1995），而双方之间的地理距离越远，金融机构对这些信息的可获取程度越低，双方之间的信息不对称程度越大，从而导致金融机构出于缺乏有效信息的考量而拒绝发放贷款或降低贷款发放规模，降低村集体的贷款可及性（Hollander & Verriest，2016）。

因此，金融可及性提升后，可以缓解融资约束，为农村集体经济组织提供充足的资金支持，提升内部生产力（Butler & Cornaggia，2011）、促进内部技术创新、改善资源配置（Feng & Wang，2024），从而促进农村集体经济的发展。

假说2：农村地区金融可及性提高能够通过缓解融资约束，进而促进农村集体经济发展。

金融素养是指个体对金融知识的正确理解和运用及做出合适财务决策的能力（Remund，2010），包括对金融产品、金融市场和金融风险的认识。一方面，金融可及性提升有助于提高农村集体经济组织成员的金融素养。其中，金融可及性通过缓解信息约束这一路径提升农村集体经济组织成员的金融素养（柳松等，2023）。在缓解信息约束方面，金融机构距离村集体的距离越近，对村集体的金融可及性越高，且数字经济的使用也有助于缓解用户的信息不对称程度（Beck et al.，2018）。伴随着农村金融机构日常对于自身金融产品和服务的宣传及线上移动端APP信息的推送力度增强，村集体经济组织成员将会接收到与其日常生活息息相关的金融信息，从而提升自身的金融素养。

另一方面，金融素养的提升有助于促进农村集体经济的创新和转型。村集体经济组织负责人的金融素养越高，越能根据村集体的实际经济状况，判断适合村集体的金融产品和服务，避免村集体陷入不必要的财务困境之中（向玉冰和吴晓青，2024）。同时，金融素养的提高不仅使得农村集体经济组织能够更好地识别和把握市场机会，进行创新和转型，而且使得集体经济组织决策者能够更好地理解和利用金融产品和服务，如合理规划财务、有效管理风险等，这对于提高农村集体经济的财务管理水平和风险控制能力具有重要作用，有助于农村集体经济逐步发展。基于此，提出以下假说：

假说3：农村地区金融可及性提高能够通过提升金融素养，进而促进农村集体经济发展。

11.2　模型、变量与数据

11.2.1　模型设定

$$\ln income_i = \alpha + \beta_1 \ln fin\_level_i + \beta_2 X_i + \lambda_i + \varepsilon_i \qquad (11-1)$$

式中，被解释变量 $\ln income_i$ 是集体经济发展水平；核心解释变量 $\ln fin\_level_i$ 是农村地区金融可及性；系数 β_1 度量了农村地区金融可及性对村集体经济的影响；X_i 是一组控制变量，包括村庄特征、村集体经济决策者特征等；β_2 为控制变量的系数；λ_i 是地区固定效应，划分为苏南、苏中和苏北地区，以控制位置差异和政策差异的影响；ε_i 是随机误差项；α 为常数项。

11.2.2　变量表示

（1）被解释变量：农村集体经济发展水平

集体经济收入是最直接反映集体经济发展的指标（张立和王亚华，2021）。本文选择农村集体经济的总收入来衡量农村集体经济的发展水平，其中包括集体经营收入、发包及上交收入、投资收入、上级转移性收入以及其他收入。为了减弱模型中农村集体经济收入的异方差性，本文对其进行对数化处理。

（2）核心解释变量：金融可及性

农村金融主力机构是银行，银行地理距离显著影响农村地区获得贷款占比，反映出农村地区金融可及性（庄希勤和蔡卫星，2021）。本文通过村庄名爬取出村庄离最近商业银行的距离（单位：千米），用村庄离最近商业银行的距离对数值表示农村地区的金融可及性。

（3）控制变量

考虑到其他因素和地区政策差异对集体经济发展的影响，本文参考周力等

（2023）控制其他特征因素和地区固定效应的影响，包括：①村庄区位条件：交通基础设施、到县城距离；②村庄特征：是否进行产权制度改革、资源性资产面积、常住人口、非农就业水平、第一大姓比例；③集体经济组织决策者特征变量：教育年限、风险偏好；④控制地区固定效应：划分为苏南、苏中和苏北地区，以控制自然条件和社会经济方面的影响。

（4）机制变量

为进一步检验农村地区金融可及性对农村集体经济发展的影响机制，本文选取融资约束和金融素养作为机制变量。融资约束用农村集体经济获得正规贷款的难易程度来衡量，金融素养用是否正确回答利率问题来衡量（表 11 - 1）。

表 11 - 1　主要变量汇总

变量类别	变量名称	变量简称	变量定义
被解释变量	集体经济	lnincome	村集体经济总收入（万元）对数值
解释变量	金融可及性	ln*fin_level*	村离最近商业银行的距离（千米）对数值
机制变量	融资约束 金融素养	*fin_constraint* *finance*	获得正规贷款的难易程度 （0＝容易，1＝不容易） 0＝利率问题回答正确，1＝否
控制变量	交通基础设施 县城距离 产权制度改革 资源性资产面积 常住人口 非农就业水平 第一大姓比例 教育年限 风险偏好	lnbus lndistance *reform* lnresource_area *popu_hundred* outworkrate firstnamerate leaderedu vilrisk	村离最近公交车站距离（千米）对数值 村到县城的距离（千米）对数值 1＝已进行产权制度改革；0＝否 村资源性资产总面积（亩）对数值 集体经济组织成员数量（百人） 村劳动力外出务工率 村第一大姓占村庄总人口的比重 集体经济组织决策者受教育年限（年） 决策者对村投资的风险偏好

11.2.3　数据来源

本研究使用的数据来源于 2021 年南京农业大学对江苏省 13 个地级市开展的农村集体经济调查问卷。考虑到自然环境与社会经济因素的显著差异，江苏省总体可划分为三个主要区域：苏南、苏中和苏北。依据《江苏统计年鉴》所提供的数据，苏南、苏中和苏北地区在行政村数量上的比例大致为 21：25：54。在进行问卷调查时根据上述区域划分，按照各区域的比例分配不同数量的问卷，电子问卷随机发放到不同地级市所在的村。调查累计收到问卷 2 356份，剔除信息不完全、不准确等无效问卷后，回收有效问卷 2 315 份，有效率达 98.26%。其中，苏南占比 11.92%、苏中占比 17.32%、苏北占比 70.76%。样本的地区分布如表 11-2 所示，数据覆盖江苏省 13 个地级市。因此，样本具有相当的代表性，其能反映江苏省农村集体经济组织的整体发展情况。

表 11-2　样本区域分布（有效问卷）

地区	地级市	样本量（个）	比重（%）	累计（%）
苏南	南京	4	0.17	0.17
	常州	4	0.17	0.34
	无锡	68	2.94	3.28
	苏州	88	3.80	7.08
	镇江	112	4.84	11.92
苏中	扬州	32	1.38	13.3
	南通	107	4.62	17.92
	泰州	262	11.32	29.24
苏北	徐州	136	5.88	35.12
	宿迁	228	9.85	44.97
	连云港	246	10.63	55.60
	盐城	426	18.40	74.00
	淮安	602	26.00	100

11.3　实证结果分析

11.3.1　基准结果

表 11-3 呈现了农村地区金融可及性对于农村集体经济收入影响的估计结果。其中第（1）列汇报了没有控制变量和地区固定效应的回归结果；第（2）列汇报了在第（1）列基础上加入控制变量的回归结果；第（3）列汇报了在第（1）列基础上加入地区固定效应的回归结果；第（4）列汇报了同时加入控制变量和地区固定效应的回归结果。以上模型估计结果均表明，农村地区金融可及性的提高能够显著提升农村集体经济的收入水平。第（2）列没有控制地区差异，比较第（2）列和第（4）列的估计结果发现，控制地区差异之后，模型的解释力度提升了 27.3%，表明地区是不可遗漏的重要变量。第（4）列的拟合优度最高，说明回归方程对观测值的拟合程度更好。因此，本研究以第（4）列作为基准回归结果，该列结果显示，金融可及性的系数在 5% 水平上显著为

负，表明农村地区金融可及性的提高能够显著提升农村集体经济的收入水平，基准回归结果初步验证了研究假说1的正确性，但是还需要一系列稳健性检验来确证金融可及性提升对农村集体经济的增收作用。

控制变量方面，交通基础设施建设越好，村集体经济收入水平越高；到县城距离越近，村集体经济收入水平越高；是否进行产权制度改革对村集体经济收入具有显著的正向影响，相比于没有进行过产权制度改革的村集体，已经进行过产权制度改革的村集体经济收入水平更高；资源性资产面积对村集体经济收入水平具有显著的正向影响，表明资源性资产面积越大越有利于提高村集体经济收入；常住人口规模对村集体经济收入水平具有正向影响，而非农就业水平对村集体经济收入水平具有显著的负向影响，可能的原因是劳动力外出务工的增加，导致村集体劳动力减少，村集体经济内生活力不足；第一大姓占比影响不稳定，在不控制地区差异的情况下对农村集体经济收入具有负向影响，但控制地区差异估计时则具有正向影响。

表 11 - 3　金融可及性对农村集体经济影响的估计结果

变量	(1)	(2)	(3)	(4)
	ln*income*	ln*income*	ln*income*	ln*income*
ln*fin_level*	−0.426 9***	−0.267 2***	−0.115 1***	−0.082 5**
	(−8.952 8)	(−6.011 5)	(−3.101 7)	(−2.232 6)
ln*bus*		−0.017 8***		−0.004 6
		(−2.709 6)		(−0.859 0)
ln*distance*		−0.119 3***		−0.054 4***
		(−4.091 2)		(−2.410 9)
reform		0.345 5***		0.188 4***
		(6.461 6)		(4.127 4)
ln*resource_area*		0.103 4***		0.071 3***
		(9.980 6)		(8.047 7)
popu_hundred		0.000 3		0.000 2*
		(1.195 5)		(1.716 4)
outworkrate		−0.013 9***		−0.007 0***
		(−11.539 9)		(−7.273 7)
firstnamerate		−0.001 9		0.000 5
		(−1.603 7)		(0.455 0)
leaderedu		0.065 8***		0.021 9**
		(5.771 7)		(2.292 4)

（续）

变量	(1)	(2)	(3)	(4)
	ln*income*	ln*income*	ln*income*	ln*income*
vilrisk		0.029 8		0.015 7
		(1.358 0)		(0.881 8)
地区固定效应	否	否	是	是
常数项	4.529 8***	3.284 3***	5.849 1***	5.054 1***
	(70.922 4)	(15.366 0)	(80.491 5)	(27.731 6)
样本量	2 315	2 315	2 315	2 315
R^2	0.035	0.185	0.419	0.458

注：***、** 和 * 分别表示1%、5%和10%的显著性水平，括号中的数字为稳健标准误。

11.3.2　稳健性检验

上述研究初步得出了农村地区金融可及性的提高对农村集体经济收入水平有正向影响的结论，本文使用一系列稳健性检验保证估计结果的稳健性。

（1）替换被解释变量

在村集体经济收入构成中，村集体经营性收入是指村集体总收入减去上级财政等单位提供的资金（补助收入）后所得的收入，其中包括经营收入、上交收入、投资收益等，经营性收入是衡量集体经济实力强弱的重要指标之一（张忠根和李华敏，2007）。同时，考虑到单纯用村集体经营性收入无法完全反映村集体的实际盈利能力，参考芦千文和杨义武（2022）的研究，本文采用人均村集体经济净收入衡量村集体经济发展水平，即经营性收入与经营性支出之差再除以户籍人口。表11-4列（2）结果表明，农村地区金融可及性的估计系数显著为负，估计结果稳健。

（2）增加控制变量

驻村第一书记是国家治理嵌入基层治理的执行者，对于基层治理具有重要影响（杨晓婷等，2020）。考虑到第一书记对村集体经济发展的影响，增加"有无第一书记"的控制变量，若村有第一书记则赋值为1，若无第一书记则赋值为0。表11-4的第（3）列汇报了增加控制变量后的回归结果，结果显示，农村地区金融可及性的提高显著促进村集体经济的发展，因此估计结果稳健。

（3）替换标准误

采用城市层面的聚类稳健标准误。由于同一个城市间集体经济发展的政策较为一致，存在一定的相关性，本研究用城市层面的聚类标准误消除不同村庄之间的相关性。表 11-4 的第（4）列汇报了采用城市层面聚类稳健标准误的回归结果，结果显示，农村地区金融可及性的估计系数显著为负，说明农村地区金融可及性的提高有利于提高村集体经济发展水平，因此估计结果稳健。

（4）剔除城中村

根据村庄类型，将样本分为城中村、城郊村、传统村三类。其中，城中村有别于城郊村和远郊村，具有村庄治理与城市社区治理的双重属性，是典型的城市化案例。表 11-4 的第（5）列汇报了剔除城中村样本的估计结果，结果显示，农村地区金融可及性的提高对农村集体经济收入水平的提升作用依然存在，估计结果稳健。

（5）剔除样本少于 10 的地级市

原样本中包括江苏省 13 个地级市的数据，其中南京市和常州市的样本数量少于 10。本文在稳健性检验中剔除样本过少的地级市，回归结果如表 11-4 的第（6）列所示。回归结果表明，农村地区金融可及性的提高对农村集体经济收入水平具有显著提升作用，估计结果稳健。

（6）不均等选择概率下的加权调整

在实施分层抽样调查过程中，存在实际获得的样本量与预期设计样本量不相符的情况，这一现象要求对初始权重进行相应的调整。加权调整的目的在于补偿由于多种因素引起的非均匀选择概率，以确保样本的结构能够反映总体的结构特征（Barratt et al.，2021）。本研究将苏南、苏中和苏北地区的总体村庄数量分别除以实际获得的样本村数量，计算得出各地区的调整系数，并用于回归分析模型中，以确保样本数据的代表性和分析结果的准确性。表 11-4 第（7）列汇报了经过样本加权调整的回归结果，结果显示，农村地区金融可及性的估计系数显著为负，且绝对值有所增大，说明农村地区金融可及性有利于提高农村集体经济发展水平，因此估计结果稳健。

（7）使用 CFD 数据

中国家庭大数据库（Chinese Family Database，简称 CFD）包含了 2011—2017 年的 4 轮中国农村家庭的追踪调查数据（China Rural Household Panel Survey，简称 CRHPS），涉及中国农村家庭比较完整的信息。本文使用 CFD 数据进行稳健性检验，选取农村集体经济的总收入来衡量被解释变量农村集体经济的发展水平，选取村庄范围内金融服务网点数量来衡量解释变量农村地区的金融可及性。表 11-4 第（8）列汇报了控制地区固定效应和年份固定效应的估计结果，估计系数显著为正，由于村庄范围内金融服务网点数量越多代表该地区可及性越高，故说明农村地区金融可及性有利于提高农村集体经济发展水平，因此估计结果稳健。

表 11 - 4　稳健性检验回归结果

变量	(1) 工具变量法	(2) 替换被解释变量	(3) 增加控制变量	(4) 城市标准误	(5) 剔除城中村	(6) 剔除样本过少的地级市	(7) 样本加权调整	(8) CFD数据
lnfin_level	−1.259 9	−7.900 5*	−0.080 9**	−0.082 5***	−0.090 7**	−0.081 8**	−0.098 8**	0.584 1**
	(1.176 0)	(4.403 3)	(0.037 0)	(0.022 9)	(0.038 5)	(0.037 0)	(0.040 1)	(0.227 2)
控制变量	是	是	是	是	是	是	是	是
$firstleader$			0.095 5**					
			(0.046 7)					
地区固定效应	是	是	是	是	是	是	是	是
年份固定效应								是
常数项	5.820 7***	187.334 1***	4.969 6***	5.054 1***	5.026 9***	5.050 7***	4.869 2***	7.547 5***
	(0.792 6)	(23.970 6)	(0.190 1)	(0.591 9)	(0.198 6)	(0.182 5)	(0.199 9)	(2.414 4)
Hausman 检验	chi2=1.08							
	P=0.999 9							
	第一阶段							
lnfin_level_iv	0.294 4***							
	(0.094 7)							
控制变量	是							
样本量	2 304	2 315	2 315	2 315	2 165	2 307	2 315	981
R^2	0.215 3	0.314 2	0.458 7	0.457 6	0.442 7	0.454 2	0.529 0	0.175 0

注：***、** 和 * 分别表示 1%、5% 和 10% 的显著性水平，括号中的数字为稳健标准误。

11.3.3　内生性检验

本文采用工具变量估计方法解决农村金融可及性和农村集体经济发展之间可能存在的内生性问题。由于现实生活中存在立足区位、资源、人文等优势，有针对性地发展"城郊型""种养型""资源型""服务型"等类型的农村集体经济，这类农村集体经济与农村金融可及性可能存在双向因果关系。本文选取"本县其他村庄到最近商业银行的平均距离（不包含本村）"作为农村地区金融可及性的工具变量。该工具变量的选取依据为：县域内其他村庄的金融可及性水平对于本村金融可及性水平的发展具有带动作用或者溢出作用，而其他村庄的金融可及性水平对于本村集体经济发展则没有除本村金融可及性水平外的其他作用机制，因此，满足工具变量的相关性和外生性的要求。

回归结果见表 11 - 4 的第（1）列。内生性检验结果显示，工具变量 Hausman 检验中 P 值为 0.999 9，说明最小二乘法估计结果与工具变量不存在系统性差异，采用工具变量法的 2SLS 与 OLS 无差异，即基准回归结果是有效的。

11.3.4 机制检验

由前文可知，农村地区金融可及性可能通过缓解融资约束和提升村集体经济组织成员的金融素养影响农村集体经济发展水平。本文通过式（11-2），对上述传导途径进行了识别和验证，具体公式如下：

$$M_i = \delta_0 + \delta_1 \ln fin\_level_i + \delta_2 X_i + \lambda_i + \varepsilon_i \qquad (11-2)$$

式中，M_i 表示融资约束和金融素养；$\ln fin\_level_i$ 表示农村地区的金融可及性。具体回归结果见表 11-5。

表 11-5　金融可及性对农村集体经济的影响机制

变量	(1)	(2)	(3)	(4)
	fin_constraint	*fin_constraint*	*finance*	*finance*
$\ln fin\_level$	0.124 6***	0.133 7***	0.107 8***	0.097 1***
	(0.020 3)	(0.020 7)	(0.019 3)	(0.020 1)
$\ln bus$		−0.004 9		0.007 3**
		(0.003 3)		(0.003 3)
$\ln distance$		−0.000 4		0.006 9
		(0.013 2)		(0.012 2)
reform		0.029 3		−0.000 5
		(0.024 9)		(0.024 5)
$\ln resource\_area$		0.006 0		−0.001 4
		(0.005 1)		(0.004 9)
popu_hundred		0.000 1***		−0.000 1***
		(0.000 0)		(0.000 0)
outworkrate		−0.000 8		0.000 3
		(0.000 6)		(0.000 5)
firstnamerate		−0.000 5		0.001 3***
		(0.000 6)		(0.000 6)
leaderedu		0.009 6*		0.002 4
		(0.005 6)		(0.005 5)
vilrisk		0.058 9***		0.015 7
		(0.010 4)		(0.010 0)
地区固定效应	是	是	是	是
常数项	0.306 7***	−0.096 6	0.077 1***	−0.056 5
	(0.036 0)	(0.109 3)	(0.029 4)	(0.105 0)
样本量	2 315	2 315	2 315	2 315
R^2	0.017 7	0.037 5	0.035 2	0.042 0

注：***、**和*分别表示1%、5%和10%的显著性水平，括号中的数字为稳健标准误。

表 11-5 报告了机制检验的估计结果。第（1）列、第（2）列汇报了融资约束的估计结果，第（3）列、第（4）列汇报了金融素养的估计结果。结果显示，在融资约束方程中，农村地区金融可及性的估计系数均在 1‰ 的显著性水平上显著为正，说明农村地区金融可及性的提高可以显著缓解村集体经济的融资约束。在实践中，村集体经济普遍面临资金短缺的问题，陷入融资约束困境。当集体经济组织无法通过外部融资获得充足资金时，组织的发展将受到内生资本积累的严重制约（Bustos et al.，2020），使得村集体经济组织缺乏发展建设的基础资金，难以发展产业，从而削弱村集体经济的可持续发展能力，抑制集体经济的收入增长。金融可及性的提高能够降低村集体经济的外部融资成本，从而缓解村集体经济的融资约束。融资约束的缓解表明村集体经济融资效率上升，有利于获得发展产业的基础资金，加强自身"造血"能力（李韬等，2021），提高村集体经济收入，实现农村集体经济可持续发展。

除了缓解村集体经济组织的融资约束外，金融可及性还通过提高村集体经济组织成员的金融素养影响村集体经济发展水平。根据第（3）列、第（4）列的结果，农村地区金融可及性的估计系数均显著为正，说明农村地区金融可及性的提高有助于提高村集体经济组织成员的金融素养。金融素养是指个体对金融产品、金融市场和金融风险等金融知识的认识以及对金融知识的实际运用能力（Oanea & Dornean，2012），金融素养会影响个体和组织的金融行为（吴卫星等，2018）。村集体经济组织成员的金融素养会影响村集体经济的资产经营管理效率和风险控制能力，从而影响村集体经济发展。金融可及性的提高有助于村集体经济缓解信息不对称程度，从而提高村集体经济组织成员的金融素养。金融素养的提高表明村集体经济的资源配置效率与财务管理能力提升，有利于提高资本使用效率（Guo et al.，2023），提高集体经济收入水平，发展壮大农村集体经济。

11.3.5　异质性分析

（1）村集体经济实力异质性

本文依据村集体经济收入将村庄划分为低收入村（中位数以下）和高收入村（中位数以上）。表 11-6 的第（1）列和第（2）列汇报了农村地区金融发展水平对于低收入村集体经济发展水平的影响，第（3）列和第（4）列汇报了农村地区金融发展水平对于高收入村集体经济发展水平的影响。由表 11-6 可知，无论是否加入控制变量，对于低收入村集体经济而言，农村地区金融可及性的估计系数不显著，说明农村地区金融可及性未显著影响低收入村的集体经济收入；对于高收入村集体经济而言，农村地区金融可及性的估计系数均显著为负，表明提高农村地区金融可及性能够显著提升高收入村集体经济发展水平。这可能是由于低收入村底子薄、经济基础薄弱，导致农村地区金融支持的效果并不明显。而高收入村具备相对坚实的经济基础，有利于充分发挥金融支持村集体经济的潜力，助力村集体经济发展。

表 11-6　金融可及性对不同收入村集体经济的影响

变量	(1)	(2)	(3)	(4)
	低收入村集体经济		高收入村集体经济	
lnfin_level	−0.046 0	−0.041 2	−0.171 9***	−0.115 9**
	(0.032 2)	(0.033 9)	(0.047 0)	(0.047 9)
lnbus		−0.001 4		−0.007 1
		(0.004 8)		(0.005 5)
ln$distance$		−0.007 8		−0.061 6***
		(0.020 2)		(0.026 6)
$reform$		0.118 5***		0.033 2
		(0.045 7)		(0.056 1)
ln$resource\_area$		0.021 1***		0.050 3***
		(0.008 2)		(0.011 3)
$popu\_hundred$		0.003 5***		−0.000 0
		(0.001 1)		(0.000 0)
$outworkrate$		−0.002 1**		−0.005 2***
		(0.001 0)		(0.001 1)
$firstnamerate$		0.001 0		−0.000 3
		(0.000 8)		(0.001 3)
$leaderedu$		−0.007 4		0.064 9***
		(0.009 7)		(0.010 9)
$vilrisk$		0.008 7		−0.003 4
		(0.016 5)		(0.022 0)
地区固定效应	是	是	是	是
常数项	3.677 7***	3.518 6***	5.905 8***	4.816 1***
	(0.044 1)	(0.171 8)	(0.079 7)	(0.222 8)
样本量	1 158	1 158	1 157	1 157
R^2	0.040 0	0.071 7	0.325 0	0.373 2

注：***、**和*分别表示1%、5%和10%的显著性水平，括号中的数字为稳健标准误。

（2）村集体经济组织决策者特征异质性

发展农村集体经济的关键在于人才，经营管理人才是有效利用和盘活集体资产的重要因素。本文从村集体经济组织决策者的异质性视角进行分析。表 11 - 7 的第（1）列汇报了村集体经济组织决策者的经商经历对于农村地区金融可及性影响村集体经济发展的效果，第（2）列汇报了村集体经济组织决策者的受教育水平对于农村地区金融可及性影响村集体经济发展的效果，第（3）列汇报了村集体经济组织决策者近三年外出参观学习其他地区先进经验的次数对于农村地区金融可及性影响村集体经济发展的效果。根据回归结果，村集体经济组织决策者的经商经历和学历对于农村地区金融可及性影响村集体经济发展的效果无显著影响，而村集体经济组织决策者外出学习先进经验的次数对于农村地区金融可及性具有显著的调节作用。这可能是由于村集体经济组织决策者通过外出参观学习其他地区先进经验，更加有利于探索出适合当地金融支持村集体经济发展的路径，充分发挥金融支持农村集体经济的潜力，促进当地村集体经济收入水平的提高。

表 11 - 7　村集体经济组织决策者特征异质性分析

变量	(1)	(2)	(3)
	ln*income*	ln*income*	ln*income*
ln*fin_level*	−0.108 9**	0.237 5	−0.014 1
	(0.048 1)	(0.273 4)	(0.047 0)
business * ln*fin_level*	0.053 6		
	(0.071 1)		
ln*fin_level* * *leaderedu*		−0.022 5	
		(0.019 2)	
ln*fin_level* * *study*			−0.010 9***
			(0.004 8)
business	−0.086 9		
	(0.090 9)		
study			0.016 5***
			(0.005 7)
ln*bus*	−0.004 7	−0.004 7	−0.004 4
	(0.005 4)	(0.005 4)	(0.005 4)
ln*distance*	−0.054 4**	−0.054 7**	−0.055 1***
	(0.022 6)	(0.022 5)	(0.022 4)
reform	0.187 4***	0.188 5***	0.183 4***
	(0.045 7)	(0.045 6)	(0.045 6)
ln*resource_area*	0.071 1***	0.071 2***	0.071 1***
	(0.008 9)	(0.008 8)	(0.008 8)

（续）

变量	(1)	(2)	(3)
	ln*income*	ln*income*	ln*income*
popu_hundred	0.000 2*	0.000 2*	0.000 2*
	(0.000 1)	(0.000 1)	(0.000 1)
outworkrate	−0.007 0***	−0.007 0***	−0.007 0***
	(0.001 0)	(0.001 0)	(0.001 0)
firstnamerate	0.000 5	0.000 4	0.000 4
	(0.001 0)	(0.001 0)	(0.001 0)
leaderedu	0.021 6**	0.049 1**	0.022 2***
	(0.009 6)	(0.024 0)	(0.009 5)
vilrisk	0.014 8	0.015 3	0.015 2
	(0.018 0)	(0.017 8)	(0.017 8)
地区固定效应	是	是	是
常数项	5.099 5***	4.665 4***	4.942 2***
	(0.190 4)	(0.364 6)	(0.186 0)
样本量	2 315	2 315	2 315
R^2	0.457 8	0.457 9	0.459 8

注：***、**和*分别表示1%、5%和10%的显著性水平，括号中的数字为稳健标准误。

11.4 结论与启示

发展新型农村集体经济是全面推进乡村振兴战略、加快建设农业强国的重要路径，有助于推进中国式农业农村现代化。本文基于2021年江苏省2 315家农村集体经济组织数据，研究了农村地区金融可及性对农村集体经济发展的影响，并对可能的内在机制进行了检验。研究表明，农村地区金融可及性的提高整体上对农村集体经济收入的增长具有正向作用，并且多种稳健性检验均支持这一结论。机制分析发现，农村地区金融可及性的提高能够通过缓解融资约束和提升村集体经济组织成员的金融素养来推动农村集体经济发展。异质性分析发现，农村地区金融可及性的提高对于提升高收入村集体经济发展水平的促进作用尤其显著；村集体经济组织决策者外出学习先进经验的次数能够显著提升农村地区金融可及性影响村集体经济发展的效果。

本文得到如下政策启示。第一，加强金融供给体系建设，加大金融服务力度。一方面，加大服务网点布局密度，在农村范围内推广自助服务设备，打通农村金融服务"最后一公里"。末端服务点应秉承扎根基层、扎根村镇的原则，在金融体系中找准机构定位，充分利用差异化定位的特征，发挥经营方式灵活的优势，做精做细基层金融工作，提升金融业务数量和服务质量。增加农村普惠金融服务点尤其是智慧点的布局，拓宽金融服务类型，提高服务等级。另一方面，鼓励金融机构优化创新金融服务，秉承"因地制宜"的原则，创新金融产品，精准服务农村集体经济发展，推动构建现代化金融科技体系，打造多元化服务。围绕农村集体经济的金融服务需求，构建信息化业务系统，提升金融服务体系的运转效率和服务质量。借助金融服务模式优化农村金融环境，逐步补齐金融供给体系中的短板，确保金融支持准确到位，为新型农村集体经济发展提供重要支撑。第二，提高农村集体组织决策者管理能力。针对农村集体经济组织决策者开展金融素养的提高教育，提供多元化金融咨询服务，有效引导农村集体经济管理团队改变保守观念，积极看待融资，充分发挥金融支持农村集体经济发展的潜力。对农村集体经济组织决策者在技能培训、岗位设定、工资收入上加以综合支持，注重其决策能力、资源调配能力、领导与协调能力和对外联络能力的培养。对重点集体经济项目进行跟踪调查，完善问题主动发现和整改机制，对经营不善的项目建立帮扶机制，培养村集体管理团队自力更生的精神和独立经营的能力。

金融服务新型农村集体经济的创新实践与启示——以江苏省为例

江苏省于 2020 年底基本完成农村集体经济资产清算工作。截至 2019 年底，全省共清查核实村组两级集体资产 3 739 亿元，其中经营性资产 2 016 亿元，非经营性资产 1 723 亿元。

随着乡村振兴战略的深入推进，新型农村集体经济的创新发展成为了提升农村经济活力的重要途径。江苏省作为我国经济较为发达的省份之一，在推动农村集体经济发展的过程中，注重通过金融创新为农村集体经济注入活力，推动乡村经济的多元化发展。金融服务的创新不仅缓解了农村集体经济融资困境，还通过个性化信贷产品的设计，适应了不同主体的融资需求，促进了地方经济的可持续增长。以江苏省为例，探讨金融服务如何助力新型农村集体经济的创新实践，通过具体的案例分析，总结出适应不同主体的信贷模式，为其他地区提供可借鉴的经验与启示。

12.1 创新制作个性化信贷产品

贷款主体性质的差异导致了信贷产品的多样化。当贷款主体为个人或村集体成立的强村公司时，通常采用"信用＋担保"的贷款方式，贷款额度较低。对于新型农业经营主体来说，这些主体通常与特定农业生产相关，贷款主要为抵押贷款或信用贷款，且具备较强的经营能力和资产储备，能够提供有效的抵押物，降低贷款风险。当贷款主体为镇级平台公司或由多个村共同成立的强村公司时，由于其偿还能力较强，贷款通常为信用贷款和担保贷款，贷款额度较高，且获得的政策支持力度较大（表 12 - 1）。

表 12-1 个性化信贷产品

贷款类型	贷款方式	贷款主体	主要做法	具体案例
担保	银保	股份经济合作社理事长	银行＋担保	兰山村为建立蕨菜加工厂，村支书以其亲属作为担保人，个人名义向麻江农商行贷款30万元，用于加工厂的建设及设备采购。考虑到村支书的企业家精神，此笔贷款的利率较低。贷款资金由股份经济合作社负责管理和使用。
	政银保	镇级平台公司	政府＋银行＋担保	青阳镇联合14个行政村抱团申请贷款，由国资控股公司提供担保，青阳农商行提供贷款，并将资金统一注入镇级平台公司。该平台公司将利用这些资金建设智能装备产业园，预计建成约9万平方米的工业园区用于出租。每个行政村每年可获得约60万元的租赁收入。
	工政银	抱团村成立强村公司	工作队＋政府＋银行	江苏省扶贫工作队引导四明镇联合10个行政村，于2022年5月共同出资成立盐城科之园工业发展有限公司，项目选址在四明镇科创园内。盐城科之园工业发展有限公司向射阳农商行申请贷款3 000万元，年利率为4.2%，贷款期限为10年。根据项目规划，公司将新建40 000平方米的标准化工业厂房，建成后将进行出租，预计每个行政村每年可获得约30万元的租赁收入。
	工银保	全资控股强村公司	工作队＋银行＋担保	洋马镇绿色乡村整治项目包括零碳乡村整体建设、光伏太阳能项目和容器育苗基地三个子项目。该项目由江苏省扶贫工作队指定，并由政府控股的两家公司——江苏苏洋药材集团有限公司和射阳县艺和生物科技有限公司提供担保。项目资金由贺东村出资成立的射阳县洋贺科技发展有限公司承接，向射阳农商行贷款3 000万元。

（续）

贷款类型	贷款方式	贷款主体	主要做法	具体案例
信用	差别化信用评价	农民专业合作社	村集体经营情况衡量	孙社村于 2019 年出资成立了孙舍富民芦笋种植农民专业合作社，流转土地超过 400 亩，其中 127 亩用于建设芦笋大棚。目前，芦笋大棚日产量达到 1 500 斤①，供不应求，采摘后的芦笋直接发往上海、南京等城市的大型商超和农贸市场。该合作社每年盈利约 80 万元。为进一步扩大经营，孙舍富民芦笋种植农民专业合作社向农商行申请了 200 万元信用贷款，贷款利率为 4.3%，并采取随借随还的方式。该贷款以合作社名义申请，并主要用于合作社的日常经营活动。
		全资控股强村公司	村集体经营情况衡量	湖南村位于国家 5A 级湿地公园——溧湖风景区附近，近年来积极发展乡村旅游，并开发了一系列差异化和特色化的旅游项目。其中，"摇橹产业"是其主要发展方向。村集体出资成立了强村公司，专门运营"摇橹船"项目，负责摇橹船的购买、维修以及船员的雇佣等工作。所有船员均为本村村民。2023 年，摇橹产业的年收入达到 160 万元，成为湖南村的主要收入来源。为推动该项目的发展，村集体出资成立了强村公司，并通过贷款进行资金支持。该贷款由股份经济合作社支配，并主要用于摇橹船的购买、维修等初期工作。
抵押	农地经营权抵押贷款	家庭农场	以家庭农场经营状况衡量	建华村通过自主土地流转，实现了"小田变大田"，从而提高了整体生产效益。村集体出资成立了家庭农场，专门经营已成规模的田地，主要种植传统小麦并通过市场销售。这一举措不仅推动了村集体的发展，也为村民创造了就业机会。家庭农场每年收入约为 10 万元，收入分配上，20% 用于支付村干部个人工资，其余部分则归村集体所有。为进一步发展，家庭农场以流转的农地经营权作为抵押，向江苏银行申请了 100 万元的"创富贷"贷款。该贷款期限为 3 年，年利率为 2.39%，每月还息，三年后还本。与此同时，农业农村局对贷款进行贴息，贴息部分为贷款利息的一半。

---

① 斤为非法定计量单位，1 斤＝0.5 千克。

12.2　以股份经济合作社为纽带，链接创立多种融资载体

江苏省农业农村厅于 2024 年 3 月 29 日发布《全力推进江苏新型农村集体经济高质量发展》公告，明确提出"重合作，创新集体经济发展模式"，以新型集体经济组织为纽带，推动村村、村企、村社联合合作，服务带动各类主体共同发展。基于此，各村集体探索适合自身的发展方式，形成多种融资载体；金融机构也对不同载体适配相应的贷款方式。

2021 年 8 月，江苏省农业农村厅印发了《关于发展壮大新型农村集体经济促进农民共同富裕的实施意见》，强调鼓励村村"抱团"机制。对于位置偏远、资源匮乏的村，支持由县或乡镇强化统筹，集中财政扶持资金和集体经济组织自有资金，在异地区位优势地段联建或联购物业资产，实现联合发展。建立完善利益分配机制，对形成资产按比例折股量化到农村集体经济组织，经营收益按股分红或保底分红。

12.2.1　以个人或村集体出资成立强村公司作为融资载体

以集体经济组织领导人或出资构建的强村公司为载体提供融资。兰山村股份经济合作社在推动本村集体经济发展过程中，积极开展了蕨菜加工项目。该项目的核心目标是利用村庄丰富的自然资源，通过优化加工与销售环节，提升村民的经济收入，同时推动村集体经济的持续增长。为实现这一目标，兰山村股份经济合作社理事长通过个人贷款的方式，以两位直系亲属作为担保人，成功向当地农村商业银行贷款 30 万元，用于建设蕨菜加工厂并启动产业化项目。

兰山村地理位置优越，自然条件适宜野生蕨菜的生长。每年春季，大量蕨菜在村周围的山地和林地中自然生长，形成了丰富的资源储备。项目的实施涵盖了蕨菜的采集、初步加工和销售等多个环节，展现了村集体经济合作社在产业链管理中的协调能力。在项目执行过程中，村集体合作社积极组织村民进行集体采摘，确保蕨菜的采集量和质量。每年春季，村民们在合作社的组织下，通力合作，共同完成蕨菜的采摘任务。这种集体化的采集方式不仅提升了采集效率，还通过集体管理保证了蕨菜的品质，确保了农产品的市场竞争力。

在采集环节完成后，村集体合作社与外地收购商进行合作。村集体合作社负责协调蕨菜的初加工工作。根据项目的实际情况，每年蕨菜的产量大约为 30 万千克，厂商以 1 元每斤的价格从村民手中进行收购。蕨菜采集后需要及时进行粗加工，为此，村集体专门建设了蕨菜粗加工厂，承担将采集的蕨菜进行初步处理，包括清洗、切割和干燥等工序。该加工服务收取 0.12 元每斤，切实增加村集体收入。加工厂的建设将蕨菜这一原材料转化为具有市场价值的

商品，推动了当地农产品附加值的提升。

该项目为兰山村的经济发展注入了新的活力。通过蕨菜的收购和销售，每年村民的总收入达到了 60 万元。这一收入的增加直接改善了村民的生活质量。每年村集体的收入也能增加 7.2 万元，提升了村集体经济的财力与运营能力。同时，项目的成功实施也有效带动了当地农业产业结构的调整，促进了农业产业链的延伸，增强了兰山村在当地市场的竞争力和影响力。

项目的成功不仅为村民带来了可观的经济收益，也为兰山村股份经济合作社的进一步发展奠定了基础。理事长通过个人担保获得贷款，为村集体经济提供了强有力的资金支持，同时，通过精细化的管理和团队协作，确保了项目的顺利实施。贷款资金的合理使用和项目实施的有效性，使得兰山村在市场中逐渐建立起品牌优势，为未来的发展提供了更多的机会。

在此过程中，银行作为金融资源的提供方，发挥了至关重要的作用。银行不仅审核贷款申请人的信用状况，还对贷款风险进行严格的评估。理事长通过以个人信誉为担保的方式，成功通过银行的审查，并在银行的要求下提供了两位亲属作为担保人。这一做法有效降低了贷款风险，确保了银行贷款资金的安全性和合规使用。在融资过程中，银行对贷款用途、还款计划以及风险控制进行了全面审查，确保资金的流动与使用符合双方的利益。

银行在贷款过程中的严格审批不仅关注贷款人的个人信用情况，还会对贷款人的还款能力、资金使用计划等进行细致的审查。通过了解理事长及其所代表的村集体经济组织的经营状况、财务状况和偿债能力，银行对融资风险进行了有效管控。对于村集体经济合作社而言，其法人地位使其融资能力较弱，因此银行对贷款申请人的个人担保和还款计划给予了更多关注。理事长作为贷款申请人，以其个人信誉为贷款背书，承担了部分风险，为银行提供了更多保障。

贷款获批后，理事长将贷款资金打入村集体专用账户，用于项目的启动和运营。资金的管理由村集体合作社统一协调，确保资金的使用与项目需求高度契合。在蕨菜加工厂的建设和运营过程中，村集体合作社不仅实现了资金的合理配置，还通过集体管理提升了项目的整体效益。

随着项目的持续推进，兰山村股份经济合作社逐渐建立起了较为完善的产业链，不仅在蕨菜的采集、加工和销售环节形成了完整的闭环，还为村民提供了稳定的收入来源。此外，村集体合作社还积极与外地收购商建立合作关系，确保了产品的销售渠道和市场稳定性，为项目的可持续发展创造了良好的条件。

该项目的成功实施为兰山村带来了实实在在的经济收益，同时也促进了村集体经济的转型升级。理事长通过有效的融资手段和资金管理，不仅为村集体经济注入了资金活力，还通过项目的实施推动了村庄经济结构的优化与发展。银行通过对贷款风险的严格把控，确保了融资的安全性和合规性，为项目的顺利推进提供了重要保障。

兰山村股份经济合作社通过蕨菜加工项目的实施，充分利用了村庄的自然资源，提升了产业附加值，带动了村民收入的增长，也为村集体经济的持续发展奠定了坚实的基础。理事长通过以个人身份担保融资，解决了银行在贷款过程中面临的风险问题，为村集体经济的长远发展创造了更多机会。

理事长在整个贷款及资金使用过程中，起到了桥梁和纽带的作用。作为融资载体，理事长首先通过个人信用获得贷款，并将贷款资金引入村集体经济运作中。理事长不仅是资金使用的决策者和组织者，还在产业经营中发挥着核心作用。理事长的领导力、管理能力和协调能力直接影响到贷款资金的使用效率、产业发展的进度以及贷款的按期偿还。因此，理事长在村集体经济运营中的作用远不只是资金的获取者，更是集体决策、资源整合和产业发展的核心推动力。

银行在贷款风险控制方面的作用不仅限于贷款审核和担保要求。银行通过对贷款用途的严格审查，确保贷款资金不会被滥用或者浪费，从而最大程度地降低违约风险。此外，银行还通过定期跟踪贷款使用情况，了解贷款资金的实际流向，及时发现潜在的风险，并采取相应的应对措施，确保贷款的安全性。在贷款使用过程中，理事长需要与银行保持密切沟通，定期向银行报告贷款资金的使用情况，以获得银行的进一步支持和信任。

银行、理事长与村集体之间建立了紧密的协同关系。银行作为资金提供方，通过严格的信用审核、担保要求和贷款用途审查控制风险，确保贷款资金的安全。理事长作为贷款申请主体，充分利用个人信誉和担保手段，推动村集体经济的发展。理事长在资金使用中不仅是决策者和协调者，更是集体责任的承担者。通过这种三者之间的相互协作，贷款资金得以高效使用，村集体经济得以持续发展，同时贷款风险得到了有效控制（图 12-1）。

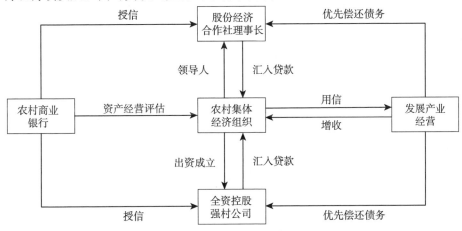

图 12-1　以个人或村集体出资成立强村公司作为融资载体

12.2.2 以村集体出资成立新型农业经营主体作为融资载体

以集体经济组织为中心构建"村集体＋"的各类主体为载体提供融资。该模式通过村集体创办各类农场、合作社等新型经营主体，提升了新型农村集体经济的经营能力，同时也带动了多个经营主体的共同发展，为村集体经济的可持续增长奠定了基础。

射阳县建华村通过土地流转和资源整合，推动"小田变大田"的发展模式。村集体通过出资成立家庭农场，扩大农业生产规模，为新型农村集体经济的发展注入了活力。该家庭农场经营面积约 200 亩，主要以传统农业种植为主，涉及的作物包括小麦等重要农作物。家庭农场通过土地经营权进行融资，向江苏银行申请了 100 万元的贷款，用于进一步扩展农场的生产经营。在这一过程中，银行、家庭农场和村集体三者之间形成了紧密的合作关系。

在此过程中，银行作为资金的提供方，发挥着至关重要的作用。银行在贷款审批过程中，严格控制风险，确保贷款资金的安全和合规使用。银行不仅对贷款申请方的信用状况进行全面评估，还对贷款的偿还能力和贷款用途进行了严格审查。在建华村家庭农场的贷款案例中，家庭农场以土地经营权作为抵押向江苏银行申请贷款，贷款期限为三年，采用按月还息、到期还本的还款方式。江苏银行在审核过程中，首先对家庭农场的经营模式进行了充分评估，确保贷款能够得到及时偿还，并对家庭农场的财务状况、现金流和未来盈利能力进行了全面分析。

为了保证经营的可持续性，政府对村集体采取政策优惠。农业农村局对贷款的利息进行贴息，村集体承担了贷款的一部分利息负担。这一举措有效降低了银行的贷款风险，也为家庭农场提供了必要的资金支持。

银行通过对贷款风险的控制，保障了贷款资金的合规使用和安全回收。在家庭农场的运营过程中，贷款资金被用于农业生产资料的采购、设施的建设以及技术改造等环节。银行在贷款发放后，通过定期检查、审计和风险监控等手段，确保贷款资金未被挪用，并保证贷款的正常偿还。

家庭农场在运营扩大过程中，不仅促进了农村经济的发展，还通过反哺机制增强了村集体的经济实力。家庭农场的经营收益按照一定比例进行分配，其中 20％的收入用于支付村干部的个人工资，剩余部分则进入村集体账户，成为村集体经济的重要收入来源。这种收入分配机制不仅增强了村干部的工作积极性和责任感，也确保了村集体的财务收入，促进了村集体经济的良性循环。

随着家庭农场的运营不断扩展，收入的稳步增长为村集体带来了可观的经济回报。每年，家庭农场的收入预计可达到 40 万元。通过家庭农场的经营，村集体收入逐渐增加，不仅满足了村集体的日常支出，还为进一步的发展提供了资金保障。与此同时，家庭农场的稳定运营，也为村民提供了就业机会，帮助村民提高收入水平，改善生活条件，增强了村民的集体主义精神和合作意识。

该项目的实施还为建华村带来了更为深远的影响。通过家庭农场的运营，村集体经济逐渐摆脱了对单一传统农业的依赖，成功实现了农业生产模式的转型升级。通过这一项目，村集体不仅实现了经济收入的增长，还增强了在农民合作和产业发展中的引领作用。农场的经营管理为村集体提供了更多的决策权和经济自主权，也为其他新型农业经营主体提供了模范。通过集体经济组织的力量，建华村逐步形成了以家庭农场为核心，带动农村经济多元化发展的局面。

家庭农场作为新型农业经营主体，为村集体的运营与发展提供了源源不断的动力。银行通过精确的风险控制机制，有效保障了贷款资金的安全性和偿还的可行性，助力家庭农场的扩大与发展。村集体通过资金的有效分配和管理，不仅增强了自身的经济实力，还提升了对外部资源的调动能力，推动了乡村经济的转型与升级（图 12-2）。

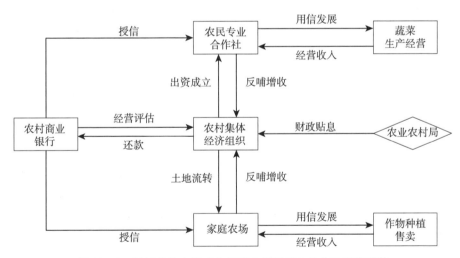

图 12-2　以村集体出资成立新型农业经营主体作为融资载体

12.2.3　以多个村集体经济组织抱团入股的镇级平台公司为载体提供融资

青阳镇政府通过整合多个村集体经济组织，成立了镇级平台公司，作为融资和项目实施的核心载体。该平台公司通过有效的资金整合和资源调配，为各个村集体提供了重要的经济支持。银行在这一融资过程中扮演着资金提供方的角色，负责对村集体的贷款申请进行信用评估，并提供贷款资金。青阳农商行对镇内 14 个村集体进行了全面的信用评估，确保贷款的安全性和可持续性。这一过程不仅涵盖了对村集体的财务状况、经营能力、还款能力的评估，还结合了每个村集体的项目风险和未来现金流预测，保障了贷款的有效性和安全性。

为了进一步降低贷款的风险，由国资控股公司提供担保。国资控股公司作为政府背景的企业，其信用背书有效增强了银行对贷款安全性的信心，尤其是在农村集体经济组织的融资中，担保机制成为控制贷款风险的重要手段。银行通过与国资控股公司的合作，能够确保即便个别村集体的经营出现困难，国资控股公司也能承担部分风险，减少银行的不良贷款风险。

市财政局也发挥了积极作用，通过贴息政策降低了村集体的融资成本。在贷款发放后，市财政局对贷款的利息进行补贴，贴息部分占贷款利息的一半。这一政策不仅为村集体减轻了财务负担，也提高了贷款的吸引力，确保了资金的及时到位和项目的顺利推进。通过这一机制，村集体能够以较低的融资成本获得贷款，进而更好地实施项目，推动集体经济的发展。

贷款资金的使用由镇级平台公司统一管理，确保资金的合理使用和项目的顺利推进。镇级平台公司作为资金的管理和实施主体，发挥了重要的组织协调作用。各村集体根据资金入股到平台公司，平台公司负责统一规划、建设厂房，并根据市场需求进行厂房的出租和经营。通过统一建设和管理，镇级平台公司不仅有效减少了各村集体单独投资的风险，还实现了资源的共享和经济效益的最大化。

村集体作为资金的出资方，通过向镇级平台公司注资，共同推动了项目的实施。在青阳镇的案例中，各村集体通过入股形式向镇级平台公司注资，累计总金额达到 16 000 万元。平台公司使用这笔资金进行厂房建设，预计建成后的厂房将提供稳定的租赁收入。租赁收入每年将为各村集体带来约 60 万元的收入，这不仅为村集体经济增添了新的收入来源，也有效增强了村集体的财务实力和项目可持续发展的能力。

这一融资模式的成功实施，依赖于银行、镇级平台公司和村集体三者的紧密合作。银行通过信用评估、担保和贴息政策等手段有效控制了融资风险；镇级平台公司作为资金和项目的组织管理主体，确保了资金的合理使用和项目的顺利推进；而村集体则通过资金入股和参与项目实施，实现了集体经济的增值和资源的共享。

在这一模式中，银行的风险控制机制至关重要。银行在贷款审批过程中，除了进行信用评估外，还注重借款方的项目可行性和还款能力的评估。通过与国资控股公司和市财政局的合作，银行能够确保贷款的风险得到有效分担和控制。国资控股公司提供的担保，使得银行在面对农村集体经济融资的高风险时，能够依靠政府背景的企业力量进行有效的风险转移；而市财政局的贴息政策则进一步减轻了贷款利息负担，提高了融资的可行性和吸引力。

镇级平台公司在此模式中的作用也不可忽视。作为资金的管理主体，镇级平台公司不仅负责资金的筹集和项目的实施，还承担着项目的风险管理和运营协调职能。通过平台公司的统一管理，多个村集体能够共享资源，降低了个别村集体单独承担风险的难度。同时，平台公司通过租赁厂房等方式，将项目收益转化为稳定的收入来源，为村集体经济提供了长效的资金支持。

银行、镇级平台公司和村集体三者之间形成的紧密合作关系，是推动乡村经济发展的关键。银行通过严格的信用评估和风险控制措施，确保了贷款的安全性和可持续性；镇级平台公司则通过统一的资金管理和项目实施，推动了集体经济的发展；而村集体则通过注资和参与项目，获得了稳定的收入来源和经济回报。通过这种合作模式，不仅增强了村集体经济的活力，也为其他地区的集体经济发展提供了可借鉴的经验（图 12-3）。

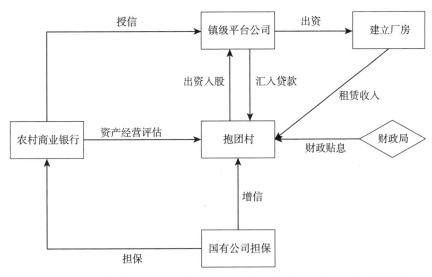

图 12-3　以多个村集体经济组织抱团入股的镇级平台公司为载体提供融资

12.2.4　归纳

乡村振兴战略的提出为新型农村集体经济的发展带来了前所未有的机遇，然而，在实际推进过程中，资金短缺和融资困境却成为制约其持续发展的关键难题。尽管政策层面对乡村振兴进行了大力支持，但由于资金流动性不足、融资渠道不畅以及村庄经济基础薄弱等因素，村集体经济在面对发展需求时往往捉襟见肘。为了解决这一问题，必须根据不同村庄的资源禀赋、经济发展水平以及社会需求，设计和选择适合的融资载体，以确保融资的精准性和可操作性。

随着农村经济的逐步现代化和产业多元化，村庄的融资需求也呈现出多样化的趋势。因此，选择与村庄特点相契合的融资模式尤为重要。本文聚焦三种典型融资模式：个人贷款模式、新型农业经营主体融资模式以及镇级平台公司融资模式。通过分析这些模式的适配性、面临的困境以及优化建议，为破解农村集体经济融资困境提供理论依据和实践指南。

（1）以村集体领导人为核心的个人贷款模式

个人贷款模式作为一种灵活的融资方式，通常适用于资源型村庄、小规模村庄以及组织关系稳固的村庄。这些村庄往往面临经济发展基础薄弱、融资渠道不畅的困境，而村集体领导人的主动性与信用成为解决这一问题的重要依托。资源型村庄由于拥有特定的自然资源或传统产业，其经济基础虽然不强，但通过合理地开发和利用这些资源，可以实现一定程度的经济增长。此类村庄的融资需求通常较为基础，且借贷资金规模较小，适合采用个人贷款模式进行融资。

小规模村庄的经济条件相对有限，且人口规模较小，这使得通过大规模外部融资引入大型项目的难度较高。然而，个人贷款模式的灵活性可以为这些村庄提供所需的启动资金。这些贷款可以用于基础设施建设、产业启动等小规模项目，帮助村庄实现经济发展目标。

对于组织关系稳固的村庄而言，村民之间存在较高的社区认同感，且对村集体领导人有较强的信任。这为个人贷款模式的实施提供了良好的社会基础。村民对村领导的支持，能够有效降低金融机构对贷款违约的担忧，从而提高贷款批准的成功率。

个人贷款模式具有较高的灵活性，能够适应多种类型的融资需求，特别适合以下几种情况。

启动资金需求。许多地方特色产业开发的启动往往需要一定的前期资金投入，个人贷款能够为这些项目提供急需的资金支持。尤其是资源型村庄，通常面临启动资金需求迫切、资金规模较为有限的特点，这种模式尤为适用。

短期周转需求。部分村庄的经济活动具有明显的季节性特征，某些农业生产或农产品加工环节通常需要短期的资金支持。个人贷款模式能够快速提供所需资金，帮助村庄实现生产周转，有效解决临时性资金需求问题。

低风险资金需求。由于个人贷款金额通常较小，特别适合一些小规模的试点项目。这些项目的规模较小、风险较低，村集体领导人可以通过逐步扩展业务来减轻贷款还款压力。同时，较低的贷款金额有助于降低违约风险，为村庄经济的稳定发展提供保障。

该模式实施过程中会有以下几点困境。

还款责任集中于个人。个人贷款通常由村集体领导人直接承担还款责任。如果贷款未能按期偿还，村领导人将面临巨大的财务压力。这不仅可能对其个人信用产生负面影响，还可能导致其丧失继续推动村庄发展的信心和动力。此外，长期的财务负担可能引发村集体内部的信任危机，进一步加剧村民与领导层之间的矛盾。

信用评估困难。金融机构在评估村集体领导人的信用时往往面临较大挑战。传统信用评估体系通常依赖于固定资产和信用记录等指标，而农村集体经济缺乏可以量化的信用背书。这种不足导致金融机构难以准确判断村领导的信用风险，从而延缓贷款审批流程，并可能使实际获批的贷款金额低于村庄实际需求。

个人贷款模式对资源的依赖性较强，尤其在资源型村庄中表现尤为突出。这种模式通常以自然资源的开发和利用为核心。然而，如果资源枯竭或市场需求下降，村庄的经济状况可能迅速恶化。在这种情况下，个人贷款模式不仅难以支撑村庄的可持续发展，反而可能加剧经济风险，使村庄陷入更大的发展困境。

过度依赖个人贷款的村庄还面临着潜在的治理风险。如果贷款未能带来预期的经济效益，村民对领导层的信任可能下降，内部矛盾加剧，进而影响村集体经济的稳定和发展。村集体领导人需要谨慎评估项目的可行性，避免因短期资金压力而采取过度借贷行为，导致自身及村集体陷入债务危机。

（2）以新型农业经营主体为核心的融资模式

新型农业经营主体融资模式适用于土地资源丰富、具备政策支持或初具经济基础的村庄。土地资源集约型村庄通常拥有大面积可流转的土地，适合大规模机械化农业生产。以北方平原地区为例，这些地区的农业生产以大宗作物为主，土地的集中流转可以实现土地的高效利用和规模化生产。而在这些地区，土地流转带来的效益和政策支持相结合，能够为农业发展注入资金支持，促进农业的现代化。

政策支持型村庄则通常受益于地方政府对土地经营权的支持，地方政府出台的政策，如贴息贷款、税费减免等，可以极大地降低新型农业经营主体的融资成本。这类村庄一般具备一定的土地资源基础和初步的市场化运作经验，但还需要进一步扩大经营规模，提高农业生产效益和市场竞争力。

初具经济基础的村庄，通常已经在某些产业领域有了一定的收入来源。这些村庄的集体经济基础较为稳固，可以通过新型农业经营主体进行规模化农业经营，从而提高整体收入水平，增强抗风险能力。这类村庄可以利用融资模式，整合资源，进一步发展现代农业和相关产业链。

新型农业经营主体为核心的融资模式适合以下几种情况。

土地规模化经营需求。对于农业资源丰富的村庄，通过土地流转和资源整合，可以实现农业机械化作业，提高生产效率。通过规模化经营，村庄不仅可以减少劳动力投入，还能通过规模效应显著降低生产成本。这种模式对提高农业生产的集约化程度尤为重要。

稳定收益来源。通过资本的投入和技术的引进，农业经营主体能够提升农业产值，并生产附加值较高的农产品。这些稳定的收入来源不仅为村集体经济提供长效保障，还显著增强了村庄经济的可持续发展能力。

尽管新型农业经营主体融资模式被广泛视为推动农村经济现代化的重要手段，但其在实践中仍面临诸多挑战和困境。

土地流转的阻力较大。许多农户对土地流转的价格不满意，或对失去土地后的长期收益存有疑虑，导致土地流转进展缓慢。这种抵触情绪直接影响了土地集约化经营的实现，并限制了农业生产规模化效益的充分发挥。

农业市场波动风险较高。农产品价格易受市场行情影响，一旦价格下降或遭遇自然灾害，农业经营效益可能大幅下滑。例如，农产品价格的下跌不仅直接影响农业经营主体的收入，还可能导致资金链断裂。这种市场风险管理已成为该融资模式面临的重要挑战。

融资审批过程复杂。许多金融机构对土地经营权抵押贷款的审批流程较为烦琐，且审批标准严格。在实际操作中，地方政府和村庄往往因缺乏政策支持和经验积累而面临高融资门槛。此外，土地经营权抵押贷款通常需要严格的担保条件，这使得部分村庄难以获得所需的资金支持。

管理能力不足也成为一大难题。许多农业经营主体的管理者缺乏现代农业管理经验，难以对生产流程进行全面优化。例如，一些农业项目在资金投入后，由于缺乏科学管理和现代技术支持，生产效率低下，未能达到预期经济效益。这种管理能力不足的问题直接限制了农业经营主体的可持续发展，同时降低了资金的使用效率。

（3）以镇级平台公司为核心的联合融资模式

镇级平台公司融资模式主要适用于资源整合型村庄、规模经济型村庄以及需要外部担保支持的村庄。资源整合型村庄通常通过多村联合，集中各自资源，以实现规模化的经济效益。平台公司可以通过统筹资源，进行跨村协调，解决资金和资源的分配问题。这种模式的成功实施，能够实现乡村经济的协同发展，增强各村集体经济的整体实力。

规模经济型村庄往往依托已有的产业优势，发展成集中的产业聚集区。在这样的村庄，通过平台公司进行大规模的基础设施建设或产业链整合，可以带动更多产业的集聚效应，从而实现经济发展。在这些村庄，平台公司作为核心的融资主体，能够更好地调动周边村庄的资源，共同推动区域经济的协同发展。

对于融资能力较弱的村庄，平台公司提供担保可以大幅提升金融机构对该村的信任度，增强融资成功的概率。这些村庄通常在融资渠道上存在困难，通过平台公司的担保机制，能够有效吸引外部资本，为村庄的经济发展提供强有力的资金支持。

镇级平台公司为核心的融资模式适合以下几种情况。

大规模基础设施建设需求。镇级平台公司能够通过集中融资资源，为这些基础设施项目提供资金支持，从而推动农村地区基础设施的现代化。

跨村协作需求。在多个村庄资源分散、发展不均的情况下，镇级平台公司能够通过联合协作的方式集中资源，避免重复建设。这种资源整合机制不仅能够提高投资效率，还促进了区域经济的协调发展。

高额资金需求。对于诸如工业园区开发、大型农业项目等资金需求较大的工程，镇级平台公司能够提供稳定的资金支持。通过整合地方资源、与金融机构协作，平台公司为这些项目提供融资保障，确保其顺利落地并产生预期效益。例如，旅游资源开发项目在前期需要投入大量资金，用于基础设施建设和宣传推广，这些都需要平台公司的资金支持。

然而该模式在实施中也面临不小的挑战。

利益分配矛盾。在多村联合发展的情况下，各村庄对项目收益的期望可能不同。例如，对于项目收益分配比例、投资回报期等问题，各村的意见容易出现分歧。这种分歧若得不到妥善解决，可能导致合作关系破裂，甚至使融资进展停滞。

管理成本高昂。镇级平台公司的成立和运营需要较高的资金投入，不仅包括专业人力资源的配置，还涉及复杂的财务和行政管理。由于平台公司运作通常需要协调多个村庄和部门，其管理成本远高于单一项目的运作。这种高昂的运营成本给融资模式的实际效果带来了不小的挑战。

政策依赖性强。镇级平台公司的融资模式往往依赖于地方政府的政策支持，例如政府担保、优惠政策等。然而，政策支持具有不确定性，一旦地方政府的支持力度减弱，或政策环境发生变化，平台公司将面临融资困难，甚至导致项目中断。若政府停止提供融资担保，平台公司可能无法从金融机构获得足够的贷款支持。

规划与执行的难度较大。跨村项目通常涉及多个利益主体的协调。在项目规划和执行过程中，各方需求和利益目标可能存在不一致，导致决策延迟。某些村庄可能更关注短期经济效益，而其他村庄可能倾向于长期生态效益，这种差异会显著影响项目的推进进度。

12.2.5　总结

每个村庄的资源禀赋、经济基础和发展需求各异，因此融资模式的选择应充分考虑这些因素。对于资源型村庄，尤其是资源较为丰富但经济基础薄弱的村庄，可以优先选择个人贷款模式。这种模式能够迅速解决启动资金问题，为村庄的经济发展提供初期资金支持。规模较小的村庄也可通过个人贷款实现灵活融资，减少对外部资金的依赖。

对于那些具备一定经济基础、土地资源丰富的村庄，新型农业经营主体融资模式则具有更高的适应性。通过该模式，村庄可以将土地资源集中流转，实现农业经营规模化，从而带动整体经济发展。这些村庄通常已具备一定的产业基础，资金需求更多集中于扩张性发展和提升生产效率，因此，土地经营权的抵押贷款是一个重要的融资途径。

而对于资源整合型、规模经济型的村庄，尤其是在需要进行大规模基础设施建设或产业链整合的情况下，镇级平台公司融资模式显得尤为重要。该模式能够通过多村联合，形成规模效应，解决多个村庄资源分散、资金短缺等问题。镇级平台公司通过整合区域资源，协调各方利益，能够在较大程度上吸引外部资本，为各类项目提供充足的资金支持。

因此，村庄应根据自身的资源条件、产业基础以及发展阶段，选择最适合的融资模式，并根据实际情况进行动态调整。

12.3　金融支持新型农村集体经济发展实践的启示

12.3.1　推动农村集体经济政经分离与专业人才引进

当前，农村集体经济组织正积极寻求经济发展新路径，通过控股方式成立强村公司或股份经济合作社，力图激活农村经济活力。然而，在实际运营中，强村公司面临着融资难的问题。这一方面源于对政府支持与补贴的长期依赖，以及农村金融市场发展的相对滞后，导致部分村"两委"成员在金融观念上趋于保守，更倾向于依赖自有资金或政府补助来满足资金需求，对贷款融资持谨慎态度；另一方面，由于政经分离改革尚未彻底，集体经济组织在履行经济职能时仍易受到行政手段的干预，经营管理机制不健全，融资风险控制能力较弱，进一步加剧了融资难的问题。为了增强融资能力和风险控制水平，强村公司应深入推进政经分离改革，建立健全现代企业制度和法人治理结构，明确治理主体，实现政企分开、权责分明。这将有助于集体经济组织实现自主决策、独立运营，减少行政干预，提高融资效率和风险控制能力。其次，应重视并激发人才的能动性，特别是那些具备市场经验和金融知识的复合型人才。通过强化农村职业经理人的制度化优势，吸引并留住这些人才，为强村公司提供专业、前瞻性的指导意见。同时，加强对现有管理人员的金融素养和风险管理培训，提升其市场应对能力和融资风险控制水平，使其善于利用金融手段支持农村集体经济的发展，实现经济的持续、稳健增长。

12.3.2　强化农村集体经济多元化发展与融资风险控制

当前，农村集体经济的发展正面临以农业为主导所带来的多重挑战，包括高昂的初期投入、漫长的资金回收周期、高风险性以及相对较低的利润率。此外，产业结构单一化问题显著，承包租赁业务作为主要的收入来源，极大地限制了经济的多元化发展和可持续性。部分强村公司在运营过程中，仅将自己定位为单一的融资平台，忽视了产业实施的重要性，导致项目难以有效落地，进而形成了恶性循环，多元化发展的步伐也显得尤为缓慢。强村公司应积极推动产业结构的多元化发展，在保持农业主导地位的同时，大力拓展诸如民宿餐饮、投资合作社、光伏发电等新兴业态，以此拓宽收入来源，降低对单一产业的过度依赖，从而有效减少经营风险。同时，强村公司应深入挖掘并充分利用村庄的特色资源，通过发展具有核心竞争力的特色项目，如特色农产品的深加工、乡村旅游等，来增强自身的盈利能力和抗风险能力。这些特色项目的成功实施，不仅能够为强村公司构建出稳健的融资需求和还款来源，还能够为金融机构提供更加可靠的融资风险评估依据，进而有助于降低融资成本，提升融资效率。

12.3.3　强化财务制度与监管规范

为促进农村集体经济组织（尤其是强村公司）的健康发展与融资能力提升，构建完善的财务管理与监督体系至关重要。当前，部分强村公司存在风控意识薄弱、投资决策轻率、财务管理混乱等问题，亟须改进。强村公司应强化风控意识，对大额投资项目实施严格的风险评估与民主决策，确保预期收益合理且充分考虑市场变化。同时，建立系统的财务管理流程，涵盖预算、决策、使用、监控和结算，提升财务透明度，为金融机构提供清晰财务信息。财务管理规范化是提升融资能力的核心。强村公司需编制详细财务报告，确保内部管理精准，便于外部审查。建立科学预算管理制度，合理预测与规划财务收支，促进资金高效分配，降低融资风险。在管理体系上，完善内部控制机制，明确职责权限，防止个人独断。聘请专业审计机构进行全面审计，及时发现并纠正问题，为财务管理改进提供依据。引入外部监督，提升透明度和公正性，增强金融机构信心。此外，强村公司应定期发布财务报告、项目进展及资金使用情况，增强透明度，提高村民认知与参与，树立诚信形象，为融资创造良好环境。

12.3.4　发挥镇级平台公司抱团发展统筹作用

当前，农村集体经济发展面临优质项目稀缺与资金短缺两大瓶颈，部分经济基础薄弱的村庄难以独立实现跨越式发展。在此背景下，抱团发展策略可以通过资源共享与风险共担的机制，有效促进村集体间的协同发展，尤其对经济薄弱村产生了显著的提升效应。然而，在实际操作过程中，抱团发展仍面临着诸多挑战，包括缺乏清晰的发展蓝图与优质项目支撑，导致投资方向模糊；资金与资源分配失衡，部分村庄受制于土地因素难以实施优质项目，而另一些村庄则面临项目资源短缺。为解决这些问题，政府应采取积极措施，精准识别更具有价值的投资发展项目，紧密结合政策导向，提供针对性资金与政策支持，推动经济结构与产业结构的战略性调整；深化跨村合作与镇级平台统筹，发挥镇级强村公司的桥梁作用，促进项目资源与土地指标的有效对接，实现资源的最优配置，降低融资风险；同时，强化政府统筹管理与监管，加大对资金的统筹管理力度，确保资金精准投放与有效利用，建立健全监管机制，提升项目运作的透明度与合规性，为强村公司提供更加稳健的融资环境与风险控制体系。

12.3.5　完善资产抵押机制和对村集体经济的授信工作

盘活农村集体资产是村集体增加融资量的重要途径。农村集体经济面临资产抵押受限的情况有以下两大原因，其一是农村集体资产的公有属性使其在交易和处置流程中存在法律和制度上的约束；其二是由于集体资产价值评估困难、市场交易流通机制不畅以及农村集体经济财务数据和经营信息不完善，导致金融机构难以科学定价和评估集体资产价值，降低了集体资产作为抵质押物的有效性。因此，政府应加快完善农村集体资产流转、交易的市场机制，依托全国农村集体资产监督管理平台，搭建农村集体产权交易市场；要完善农村集体资产的抵押机制，制定科学完整的村集体资产评估规则、培养具有资质的单位和专业的农村集体资产价值评估人员。

银行服务农村地区普遍存在着重存款轻贷款、重抵质押贷款缺信用贷款的现象，这是农村金融发展的难点，更是农村集体经济融资难的一大痛点所在。村集体信贷获取难的主要原因在于其信用价值缺乏。由于农村集体经济组织的特别法人资格获取时间较短，此前也存在不规范的注册、经营、纳税行为，未能在政府部门和事业单位积累充足的信用数据；加之农村集体经济长期以来市场参与度较低，缺乏充足的商业信用信息，因此难以获得信贷融资。对此，金融机构应加强对村集体经济的授信工作，结合农村集体经济的运营特点和信用特征，优化农村集体经济组织的信用评级机制；配合 2022 年提出的建立全国农村集体资产大数据库，对农村集体经济的项目和企业进行全面的信用评级和授信，逐步摸索出一条适合农村集体经济发展的信用评级和授信模式。

12.3.6　着力促进金融机构提供适配高效的融资产品

当前，金融机构多是以农户、新型农业经营主体等作为对象来设计和提供融资产品，往往忽略了为农村集体经济组织提供适配的融资产品。据王修华等（2024）基于湖南省C县的调研结果，许多基层金融从业人员易将农村集体经济组织与农民专业合作社这两种截然不同的农村经济组织混淆，可见部分金融机构存在套用融资产品的现象。对此，金融机构应当结合农村集体经济的实际情况和切实需求，加紧加强创新型融资产品的研发，响应"普惠金融"政策，对符合要求的农村集体经济组织做到"应贷尽贷"。金融机构可以通过与政府、保险公司、行业协会等第三方机构合作，打造"政府＋保险＋信贷""行业协会＋中小企业"担保等模式作为贷款方式；创新农村集体经济贷款的抵质押方式，如集体资产使用权、收益权质押等新型业务；支持农村集体经济组织设立信用担保资金池，缓释信贷风险，赋能农村集体增信。同时，金融机构应按规范优化贷款流程、提高贷款审批效率，提高农村集体经济组织的金融服务可得性，助力其把握市场机遇，提高在市场中的竞争力与影响力；拓展金融服务渠道，通过线上平台，金融机构能够突破地理限制，为农村集体经济组织提供便捷、高效的融资服务。

12.3.7　发挥村支书在人才管理和项目发掘中的关键作用

农村基层党组织是党在农村全部工作和战斗力的基础，而村党支部书记是关系乡村振兴和农村集体经济发展的带头人。首先，村支书应当着力打造高水平的农村集体经济管理团队，如通过市场化模式引入职业经理人或第三方专业团队，开展有计划的融资活动；实行"基本报酬＋绩效考核＋集体经济发展创收奖励"的报酬补贴制度激励集体经济发展带头人；通过宣传讲座、专题培训等形式加强农村集体经济组织成员的金融素养、数字素养，提升其利用金融融资发展农村集体经济的意识，减少短视造成的融资积极性不足。多措并举实现人才调配和管理，带动融资质量提高。其次，村支书在项目发掘中也起到关键作用。村支书应当结合本村特色、自然地理环境与资源禀赋，因地制宜地引入与农村集体经济资源比较优势相匹配的优质项目，依托数字技术，打造如数据共享、生态旅游、森林康养等高附加值产业；通过电商平台拓宽新型农村集体经济销售渠道，融入全国统一大市场，打造乡村数字经济，发挥农业新质生产力。村支书通过发掘优质农村集体经济项目吸引金融机构深度参与，与第三方机构加大合作，争取广泛融资。

参考文献
REFERENCES

鲍星，李巍，李泉，2022. 金融科技运用与银行信贷风险：基于信息不对称和内部控制的视角［J］. 金融论坛，27（1）：9－18.

曹瓅，袁浩然，2024. 数字普惠金融对新型农业经营主体全要素生产率的影响［J］. 中国农业大学学报，29（11）：285－296.

陈吉，2024. 数字技术赋能新型农业经营主体融资：以区块链技术为例［J］. 中国农业会计，34（3）：6－8.

陈锡文，2018. 实施乡村振兴战略，推进农业农村现代化［J］. 中国农业大学学报（社会科学版），35（1）：5－12.

戴昕，闵雨晴，2020. "区块链＋订单式农业"发展路径创新研究：基于徐州市农村经济体融资发展的思考［J］. 商业会计（23）：73－76.

丁克，张绪清，2020. 新型农业经营主体融资困境与化解路径研究［J］. 商业经济（7）：101－103.

杜志雄，2021. 农业农村现代化：内涵辨析、问题挑战与实现路径［J］. 南京农业大学学报（社会科学版），21（5）：1－10.

段海霞，易朝辉，苏晓华，2021. 创业拼凑、商业模式创新与家庭农场创业绩效关系：基于湖南省的典型案例分析［J］. 中国农村观察（6）.

方师乐，黄祖辉，徐欣南，2024. 数字金融发展的包容性增长效应：农户非农创业的视角［J/OL］. 农业技术经济，1－20.

房绍坤，林广会，2019. 农村集体产权制度改革的法治困境与出路［J］. 苏州大学学报（哲学社会科学版），40（1）：31－41.

房绍坤，袁晓燕，2023. 关于制定农村集体经济组织法的几点思考［J］. 南京农业大学学报（社会科学版），23（1）：70－81.

冯颖，郭洪亚，高燊，2022. "公司＋农户"型订单农业供应链的政府税收补贴机制［J］. 运筹与管理，31（6）：211.

高鸣，宋洪远，江帆，2022. 金融支撑农村集体经济发展的路径选择和政策优化［J］. 农村金融研究（2）：3－12.

高鸣，魏佳朔，宋洪远，2021. 新型农村集体经济创新发展的战略构想与政策优化［J］. 改革（9）：121－133.

郭熙保，冯玲玲，2015. 家庭农场规模的决定因素分析：理论与实证［J］. 中国农村经济（5）：82－95.

郭厦，王丹，2022. 我国家庭农场发展质量评价与分析［J］. 华中农业大学学报（社会科学版）（3）：22 - 35.

郭瑛琰，郑伟，马秋梅，2023."整村授信"赋能乡村振兴的实践与思考：以黑龙江省海林市为例［J］．黑龙江金融（4）：42 - 44.

郭莹，郑志来，2020.区块链金融背景下小微企业融资的模式与路径创新［J］．当代经济管理，42（9）：79 - 85.

洪炜杰，2024.正规金融支农有助于培育新型农业经营主体吗？以涉农贷款增量奖励试点为例［J］．金融经济学研究，39（4）：105 - 120.

黄慧君，王波，李宇中，2024.地市农商行整村授信政策文本分析：以 H 农商行为例［J］．科技与金融（7）：91 - 97.

黄益平，黄卓，2018.中国的数字金融发展：现在与未来［J］．经济学（季刊），17（4）：1489 - 1502.

江天伦，谭玲，2023.党建共建促整村授信支持乡村振兴：以陵水黎族自治县农村信用合作联社为例［J］．银行家（7）：122 - 124.

江艇，2022：因果推断经验研究中的中介效应与调节效应［J］．中国工业经济（5）：100 - 120.

蒋辉，杜荣，陈瑶，等，2023.农村集体经济发展的困境与破解之策：基于湖南省"千村调研"数据［J］．广西农学报，38（1）：49 - 56，64.

亢雅萌，林子果，刘冉，2024.我国整村授信服务模式研究：以北京、浙江、广东、黑龙江 4 省市为例［J］．农业科研经济管理（2）：44 - 48.

孔祥智，高强，2017.改革开放以来我国农村集体经济的变迁与当前亟须解决的问题［J］．理论探索（1）：116 - 122.

李国英，2022.农业全产业链数字化转型的底层逻辑及推进策略［J］．区域经济评论（5）：86 - 93.

李峻霄，姚荃荟，倪格格，2024.区块链赋能订单农业融资对新型农业经营主体韧性的影响研究［J］．商展经济（22）：152 - 156.

李琳，卢永康，2022.政府补贴下订单农业供应链的内部融资决策［J/OL］．中国管理科学，1 - 13.

李梦怡，史雅洁，2023.集体产权制度改革对村集体经济发展的作用机制研究［J］．农业经济（11）：43 - 46.

李韬，陈丽红，杜晨玮，等，2021.农村集体经济壮大的障碍、成因与建议：以陕西省为例［J］．农业经济问题（2）：54 - 64.

李文嘉，李蕊，2023.新型农村集体经济发展的现状、问题及对策［J］．人民论坛（15）：56 - 58.

李晓，李洁，吴雨，2024.数字金融发展缓解了家庭金融排斥吗？基于中国家庭金融调查（CHFS）数据的分析［J］．财贸研究，35（4）：15 - 27.

李颖慧，陈红，游星，2024.农业社会化服务赋能农村高质量发展的理论机制与实证研究［J］．农业现代化研究（1）.

李周，温铁军，魏后凯，等，2021.加快推进农业农村现代化："三农"专家深度解读中共中央一号文件精神［J］. 中国农村经济（4）：2-20.

林毅夫，2002. 中国的城市发展与农村现代化［J］. 北京大学学报（哲学社会科学版）（4）：12-15.

刘如意，李金保，李旭东，2020. 区块链在农产品流通中的应用模式与实施［J］. 中国流通经济，34（3）：43-54.

刘显著，2024. 数字金融、产业融合与农民农村共同富裕［J］. 统计与决策，40（14）：58-62.

刘志澄，2001. 21世纪是我国农业迈向现代化的世纪［J］. 农业经济问题（1）：20-24.

柳松，谭卓敏，陈楚娜，2023. 数字金融发展对农户金融素养的影响及作用机制［J］. 农村经济（8）：88-97.

芦千文，杨义武，2022. 农村集体产权制度改革是否壮大了农村集体经济：基于中国乡村振兴调查数据的实证检验［J］. 中国农村经济（3）：84-103.

罗玲玲，2023. 基于乡村振兴背景的农业高质量发展相关问题与对策研究［J］. 农业经济（7）：3-6.

罗明忠，魏滨辉，2022. 农村集体产权制度改革与县域城乡收入差距［J］. 华南农业大学学报（社会科学版），21（6）：78-90.

苗家铭，姜丽丽，戴佳俊，2021. 区块链赋能农业供应链金融的应用研究［J］. 市场周刊，34（12）：112-114.

彭红军，庞涛，2020. 农业补贴政策下订单农业供应链融资与运作策略研究［J］. 管理工程学报，34（5）：155-163.

彭澎，吴敏慧，张龙耀，2024. 财政金融协同支持村级集体经济发展的理论逻辑与实现机制：基于江苏兴化"兴村易贷"的案例研究［J］. 农业经济问题（8）：59-72.

彭澎，徐志刚，2021. 数字普惠金融能降低农户的脆弱性吗？［J］. 经济评论（1）：82-95.

钱忠好，李友艺，2020. 家庭农场的效率及其决定：基于上海松江943户家庭农场2017年数据的实证研究［J］. 管理世界（4）.

任碧云，张荧天，2024. 数字普惠金融与贫困地区经济增长：效应检验与机制分析［J］. 财经理论与实践，45（6）：2-9.

孙福兵，宋福根，2019. 基于场景化、数字化的农业信贷风险控制研究［J］. 社会科学战线（3）：249-53.

孙鸽平，2022. 数字普惠金融视角下新型农业经营主体融资模式的创新路径［J］. 农业经济（3）：99-101.

孙雪峰，张凡，2022. 农村集体经济的富民效应研究：基于物质富裕和精神富裕的双重视角［J］. 南京农业大学学报（社会科学版），22（6）：183-194.

唐任伍，郭文娟，2018. 乡村振兴演进韧性及其内在治理逻辑［J］. 改革（8）：64-72.

唐欣，许永斌，2023. 场景驱动农业全产业链创新的理论逻辑与实践路径研究［J］. 科技进步与对策，40（23）：32-41.

田雅群，何广文，范亚辰，2022. 数字金融提升乡村产业韧性的典型案例和优化路径［J］.

西南金融（9）：57 - 68.

仝志辉，陈淑龙，2018. 改革开放 40 年来农村集体经济的变迁和未来发展［J］. 中国农业大学学报（社会科学版），35（6）：15 - 23.

王俊斌，张立冬，2024. 订单农业供应链的区块链溯源技术引入策略研究［J］. 系统工程理论与实践，44（2）：612 - 628.

王染，杜红梅，2024. 数字普惠金融、地区发展环境与农村产业现代化［J］. 统计与决策，40（2）：139 - 144.

王曙光，郭凯，兰永海，2018. 农村集体经济发展及其金融支持模式研究［J］. 湘潭大学学报（哲学社会科学版），42（1）：74 - 78.

王修华，刘锦华，2023. 大型银行服务重心下沉对农村金融机构信贷行为的影响［J］. 中国农村经济（8）：102 - 125.

王修华，魏念颖，2024. 农村集体经济融资困境及破解思路［J］. 农业经济问题（3）：72 - 88.

王耀娥，陈乃宽，李蒙，2023. 构建三大支撑体系高质量发展家庭农场［J］. 江苏农村经济（7）：61 - 62.

王元，2023. 农村商业银行"整村授信"业务效能提升策略研究：以安徽某农村商业银行为例［J］. 科技经济市场（12）：56 - 58.

吴卫星，吴锟，王琎，2018. 金融素养与家庭负债：基于中国居民家庭微观调查数据的分析［J］. 经济研究，53（1）：97 - 109.

向玉冰，吴晓青，2024. 金融素养如何缓解农户数字金融排斥：基于 CHFS 微观数据的分析［J］. 科学决策（7）：38 - 58.

谢启旺，2024. 科技创新对中国农业高质量发展的影响研究［D］. 石家庄：河北地质大学.

熊磊，2023. 金融支持新型农业经营主体与小农户协同发展的路径［J］. 农业经济（1）：111 - 112.

徐秀英，2018. 村级集体经济发展面临的困境、路径及对策建议：以浙江省杭州市为例［J］. 财政科学（3）：145 - 152.

许玉韫，张龙耀，2020. 农业供应链金融的数字化转型：理论与中国案例［J］. 农业经济问题（4）：72 - 81.

颜枫雅，2024. 区块链技术赋能供应链金融创新发展研究［J］. 对外经贸（3）：77 - 80，99.

杨晓婷，陆镜名，刘奕辰，等，2020. "资本下沉"赋能"资源释放"：第一书记带动贫困村脱贫的行动逻辑与高效机制［J］. 中国农村观察（6）：49 - 67.

姚凤阁，王兆勋，2022. 财政金融协同支持乡村振兴研究［J］. 理论探讨（6）：167 - 172.

殷宇超，陈俊，2023. 关于村集体经济发展若干问题的思考：基于宁波市调研［J］. 中国农民合作社（1）：69 - 70.

尹栾玉，张驰，肖双娇，2024. 数字金融创新、农业农村高质量发展与农民共同富裕［J］. 统计与决策，40（16）：51 - 55.

于丽艳，史晨宇，杨鑫，等，2023. 乡村数字化对中国农业韧性的影响机制［J］. 中国农业大学学报，28 (7)：308 - 320.

曾恒源，高强，2023. 乡村治理视域下村级组织功能分离改革的理论与实践：基于江苏省两个案例的考察 [J]. 农业经济问题 (4)：52 - 63.

曾恒源，高强，2023. 新型农村集体经济的三重困境与破解路径：理论逻辑和案例证据 [J]. 经济学家 (7)：118 - 128.

张立，王亚华，2021. 集体经济如何影响村庄集体行动：以农户参与灌溉设施供给为例 [J]. 中国农村经济 (7)：44 - 64.

张晴羽，周密，2024. 农村集体经营性资产入市发展的机理与困境：基于欠发达地区 D 县的案例调查 [J/OL]. 农业经济问题，1 - 13.

张益丰，刘纪荣，2021. 区块链嵌入"双 H"型农产品供应链的架构设计及实现对策 [J]. 中州学刊，43 (3)：36 - 42.

张英洪，王丽红，刘雯，等，2023. 农村集体经济和集体经济组织调查研究 [M]. 北京：中国言实出版社.

张忠根，李华敏，2007. 村级集体经济的发展现状与思考：基于浙江省 138 个村的调查 [J]. 中国农村经济 (8)：64 - 70.

赵春江，李瑾，冯献，2021. 面向 2035 年智慧农业发展战略研究 [J]. 中国工程科学，23 (4)：1 - 9.

赵德起，沈秋彤，2021. 我国农村集体经济"产权-市场化-规模化-现代化"发展机制及实现路径 [J]. 经济学家 (3)：112 - 120.

赵浩健，张焕春，刘宁，等，2023. 基于区块链技术的订单农业体系构建与运营策略：以长沙市宁乡县宁乡猪为例 [J]. 湖北农业科学，62 (8).

赵雨舟，王文华，赵丽锦，2022. 区块链技术赋能的新型农业经营主体融资模式研究 [J]. 财会通讯 (14)：148 - 152，166.

郑海荣，马九杰，王馨，2023. 地理距离、银行数字化转型与金融机构农户信贷供给规模：来自 F 省农信系统的证据 [J]. 华南师范大学学报（社会科学版）(1)：114 - 134，207.

郑庆宇，管洪彦，2022. 新型农村集体经济发展主体的政策选择及制度设计 [J]. 农村金融研究 (2)：29 - 37.

郑世忠，谭前进，赵万里，2023. 辽东山区新型农村集体经济可持续发展研究 [J]. 农业现代化研究，44 (2)：285 - 294.

钟真，廖雪倩，陈锐，2023. 新型农村集体经济的市场化经营路径选择：自主经营还是合作经营 [J]. 南京农业大学学报（社会科学版），23 (5)：13 - 25.

周娟，2020. 农村集体经济组织在乡村产业振兴中的作用机制研究：以"企业＋农村集体经济组织＋农户"模式为例 [J]. 农业经济问题 (11)：16 - 24.

周力，李嘉雯，邵俊杰，2023. 农村"政经分离"改革的收入效应：来自农村集体经济组织数据的证据 [J]. 财经研究，49 (10)：49 - 63.

周月书，葛云杰，2024. 数字农业发展的信贷融资效应：来自江苏省家庭农场的证据 [J/OL]. 中国农村观察 (5)：160 - 184.

周月书，苗哲瑜，2023. 数字普惠金融对农户生产经营投资的影响 [J]. 中国农村观察

（1）：40-58.

周月书，王雨露，彭媛媛，2019. 农业产业链组织、信贷交易成本与规模农户信贷可得性［J］. 中国农村经济（4）：41-54.

周振，2021. 社区开放、产权混合与农村集体经济的实现：基于混合所有制改造的研究视角［J］. 宏观经济研究（7）：112-126.

朱东波，张相伟，2023. 数字金融通过技术创新促进产业结构升级了吗？［J］. 科研管理，44（7）：73-82.

朱雷，王国红，王聪，2019. 不同融资模式下"公司＋农户"订单农业供应链运营决策［J］. 工业工程与管理（5）.

朱雅雯，许玉韫，张龙耀，2023. 数字金融与家庭农场经营绩效［J］. 经济评论（6）：72-86.

庄希勤，蔡卫星，2021. 当乡村振兴遇上"离乡进城"的银行：银行地理距离重要吗？［J］. 中国农村观察（1）：122-143.

邹建国，2023. 农业供应链金融视角的农户信贷约束缓解效应研究：来自湖南农户的经验证据［J］. 财经理论与实践，44（3）：35-42.

Angori G., Aristei D., Gallo M., 2020. Banking relationships, firm - size heterogeneity and access to credit: evidence from European firms［J］. Finance Research Letters, 33: 101231.

Bae K., Han D., Sohn H., 2012. Importance of access to finance in reducing income inequality and poverty level［J］. International Review of Public Administration, 17 (1): 55-77.

Barratt S., Angeris G., Boyd S., 2021. Optimal representative sample weighting［J］. Statistics and Computing, 31 (2).

Bartoli F., Ferri G., Murro P., et al., 2013. SME financing and the choice of lending technology in Italy: Complementarity or substitutability?［J］. Journal of Banking & Finance, 37 (12): 5476-5485.

Beck T., Pamuk H., Ramrattan R., et al., 2018. Payment instruments, finance and development［J］. Journal of Development Economics, 133: 162-186.

Benmelech E., Bergman N., Seru A., 2021. Financing labor［J］. Review of Finance, 25 (5): 1365-1393.

Berger A. N., Black L. K., 2011. Bank size, lending technologies, and small business finance［J］. Journal of Banking & Finance, 35 (3): 724-735.

Berger A. N., Udell, G. F., 1995. Relationship lending and lines of credit in small firm finance［J］. Journal of Business, 65 (3): 351-382.

Bianchi M., 2010. Credit constraints, entrepreneurial talent, and economic development［J］. Small Business Economics, 34: 93-104.

Bustos P., Garber G., Ponticelli J., 2020. Capital accumulation and structural transformation［J］. Quarterly Journal of Economics, 135 (2): 1037-1094.

Butler A. W. , Cornaggia J. , 2011. Does access to external finance improve productivity? Evidence from a natural experiment [J]. Journal of Financial Economics, 99 (1): 184 – 203.

Cerqueiro G. , Ongena S. , Roszbach K. , 2016. Collateralization, bank loan rates, and monitoring [J]. Journal of Finance, 71 (3): 1295 – 1322.

Chen Z. , Meng Q. , Xu R. , et al. , 2022. How rural financial credit affects family farm operating performance: An empirical investigation from rural China [J]. Journal of Rural Studies, 91: 86 – 97.

Cheng C. , Gao Q. , Ju K. , et al. , 2024. How digital skills affect farmers' agricultural entrepreneurship? An explanation from factor availability [J]. Journal of Innovation & Knowledge, 9 (2): 100477.

Cumming D. , Meoli M. , Vismara S. , 2021. Does equity crowdfunding democratize entrepreneurial finance? [J]. Small Business Economics, 56 (2): 533 – 552.

Dal Mas F, Massaro M, Ndou V, et al, 2023. Blockchain technologies for sustainability in the agrifood sector: A literature review of academic research and business perspectives [J]. Technological Forecasting and Social Change, 187: 122155.

Feng J. , Wang Y. , 2024. Does digital inclusive finance promote agricultural development? A test based on threshold and spillover effects [J]. Finance Research Letters, 69: 106104.

Finger R. , 2023. Digital innovations for sustainable and resilient agricultural systems [J]. European Review of Agricultural Economics, 50 (4): 1277 – 1309.

Gao Q. , Sun M. , Chen L. , 2024. The Impact of Digital Inclusive Finance on Agricultural Economic Resilience [J]. Finance Research Letters, 105679.

He L. , Zhou L. , Qi J. , 2024. The role of digital finance embedded in green agricultural development: Evidence from agribusiness enterprises in China [J]. Land, 13 (10): 1649.

Hollander S. , Verriest A. , 2016. Bridging the gap: the design of bank loan contracts and distance [J]. Journal of Financial Economics, 119 (2): 399 – 419.

Klapper L, Laeven L, Rajan R, 2006. Entry regulation as a barrier to entrepreneurship [J]. Journal of Financial Economics, 82 (3): 591 – 629.

Lan W, 2009. Analysis on innovation of new rural collective rconomic system [J]. Soc. Sci. Guangxi, 25: 38 – 40.

Lian X. , Mu Y. , Zhang W. , 2023. Digital inclusive financial services and rural income: Evidence from China's major grain – producing regions [J]. Finance Research Letters, 53: 103622.

Liu X. , Wang X. , Yu W. , 2023. Opportunity or challenge? Research on the influence of digital finance on digital transformation of agribusiness [J]. Sustainability, 15 (2): 1072.

Morse A. , 2015. Peer – to – peer crowdfunding: Information and the potential for disruption in consumer lending [J]. Annual Review of Financial Economics, 7 (1): 463 – 482.

Mukherjee A A, Singh R K, Mishra R, et al, 2022. Application of blockchain technology for sustainability development in agricultural supply chain: Justification framework [J]. Operations Management Research, 15 (1): 46 - 61.

Nan Y., Gao Y., Zhou Q., 2019. Rural credit cooperatives' contribution to agricultural growth: evidence from China [J]. Agricultural Finance Review, 79 (1): 119 - 135.

Oanea D. C., Dornean A., 2012. Defining and measuring financial literacy: New evidence from romanian students of the master in finance [J]. Annals of the Alexandru Ioan Cuza University - Economics, 59 (2): 113 - 129.

Peng G., Liu F., 2024. Digital inclusive finance and the resilience of households involved in financial markets [J]. Finance Research Letters, 69: 106288.

Remund D. L., 2010. Financial literacy explicated: The case for a clearer definition in an increasingly complex economy [J]. Journal of Consumer Affairs, 44 (2): 276 - 295.

Royal C., O'Donnell L., 2008. Differentiation in financial markets: The human capital approach [J]. Journal of Intellectual Capital, 9 (4): 668 - 683.

Srivastava A, Dashora K, 2022. Application of blockchain technology for agrifood supply chain management: A systematic literature review on benefits and challenges [J]. Benchmarking: An International Journal, 29 (10): 3426 - 3442.

Wang J., Zhao C., Jie J., 2024. Research on the problems and institutional optimization strategies of rural collective economic organization governance [J]. Economics, 18 (1): 20220110.

Wang S., Wu C., Fu B., 2024. The dual effects of digital inclusive finance on the urban - rural income gap: An empirical investigation in China's Yangtze River Delta region [J]. Finance Research Letters, 69: 106049.

Wang Y., Qi Y., Li Y., 2024. How does digital inclusive finance influence non - agricultural employment among the rural labor force? Evidence from micro - data in China [J]. Heliyon, 10 (13).

Yi S., Huo Z., Zhang M., et al., 2023. An empirical study of new rural collective economic organization in alleviating relative poverty among farmers [J]. Sustainability, 15 (19): 14126.

Yiadom E. B., Mensah L., Bokpin G. A., 2023. Environmental risk and foreign direct investment: the role of financial deepening, access and efficiency [J]. Sustainability Accounting, Management and Policy Journal, 14 (2): 369 - 395.

Yuanyuan Guo, Can Liu, Hao Liu, et al., 2012. Financial literacy, borrowing behavior and rural households' income: Evidence from the collective forest area, China [J]. Sustainability, 15 (2): 1153.

Zhao J., Xi X., Wang S., et al., 2021. Dynamic analysis of different resource allocations: Implications for resource orchestration management of strategic alliances [J]. Computers & Industrial Engineering, 158: 107393.

Zhong T. , Zhang X. , Huang X. , et al. , 2019. Blessing or curse? Impact of land finance on rural public infrastructure development [J]. Land Use Policy, 85: 130 – 141.

Zhou L. , Shi X. , Bao Y. , et al. , 2023. Explainable artificial intelligence for digital finance and consumption upgrading [J]. Finance Research Letters, 58: 104489.

Ziaee Bigdeli A. , Kapoor K. , Schroeder A. , et al. , 2021. Exploring the root causes of servitization challenges: An organisational boundary perspective [J]. International Journal of Operations & Production Management, 41 (5): 547 – 573.